AF397614

Isabel Wiedenroth, 1965 in Taipei geboren, aufgewachsen in Wuppertal. Sie studierte Ostasienwissenschaft an der Universität zu Köln und International Management an der FernUniversität in Hagen.

Als deutsche Unternehmerin mit Wurzeln in Taipei und Shanghai ist es ihr ein besonderes Anliegen, Brücken zwischen Märkten und Kulturen zu schlagen. In über dreißig Jahren beruflicher Tätigkeit für deutsche Unternehmen in Asien hat sie ein tiefes Verständnis für die wirtschaftlichen und kulturellen Besonderheiten dieser beiden Welten entwickelt.

Als Chairwoman von SGT (SinoGermanTrade.com) ist sie eine Verfechterin von grenzüberschreitender, innovativer Zusammenarbeit. Sie hat einen einzigartigen Blick auf die Herausforderungen und Chancen, die sich aus strategischer Partnerschaft zwischen deutschen Unternehmen und asiatischen Innovatoren ergeben. Ihre Arbeit hat dazu beigetragen, erfolgreiche Partnerschaften zu gestalten und damit den Austausch von technologischem Wissen, innovativen Lösungen und Knowhow zwischen Deutschland und Asien zu fördern. Mit ihrer Expertise versteht sie es, sowohl kulturelle als auch strategische Unterschiede zu überwinden, um langfristige und nachhaltige Partnerschaften zu schaffen.

www.isabelwiedenroth.de

FSC
www.fsc.org
MIX
Papier aus ver-
antwortungsvollen
Quellen
Paper from
responsible sources
FSC® C105338

Für meine Mutter,

die nie aufgehört hat, an mich zu glauben.

ISABEL WIEDENROTH

Partnerschaft statt Deal

mit Asiens Innovatoren zum Erfolg

Die Deutsche Nationalbibliothek verzeichnet diese Publikation in der Deutschen Nationalbibliografie; detaillierte bibliografische Daten sind im Internet über http://dnb.dnb.de abrufbar.

Lektorat: Marcus Hernig, 59969 Hallenberg
Grafik: Kostenko Maxim Shutterstock.com
Verlag: BoD · Books on Demand GmbH,
Überseering 33, 22297 Hamburg, bod@bod.de
Druck: Libri Plureos GmbH, Friedensallee 273,
22763 Hamburg

ISBN: 978-3-7693-7662-3

„Wer auf lange Sicht Erfolg haben will, der muss erkennen, dass wahre Größe nicht im Alleingang entsteht, sondern durch die Fähigkeit, sich mit anderen zu verbinden, Vertrauen aufzubauen und gemeinsam neue Wege zu gehen. Eine starke Partnerschaft ist wie Bambus: biegsam, aber unzerbrechlich." - *Chinesisches Sprichwort*

Inhaltsverzeichnis

Vorwort

In einer Welt, die von rasanten technologischen Entwicklungen und wirtschaftlichen Umbrüchen geprägt ist, sind strategische Partnerschaften zwischen deutschen Unternehmen und asiatischen Innovatoren nicht mehr nur eine Option – sie sind eine Notwendigkeit. Während Deutschland für Präzision, Ingenieurskunst und nachhaltige Innovation steht, sind es die asiatischen Unternehmen, die mit agiler Entwicklung, disruptiven Ideen und Skalierungsfähigkeit die Zukunft vorantreiben. Gemeinsam können sie etwas schaffen, das weit über die Fähigkeiten eines einzelnen Akteurs hinausgeht. Doch nicht jede Partnerschaft ist ein Selbstläufer. Manche Allianzen scheitern, weil Visionen nicht übereinstimmen, Kulturen aufeinanderprallen oder Märkte sich schneller verändern, als es die Unternehmen erwarten.

Dieses Buch zeigt auf, wie deutsch-asiatische Kooperationen zu Innovation, Wachstum und Erfolg führen können. Anhand konkreter Fallstudien, insbesondere aus der Automobilindustrie und dem Bereich hochwertiger Premiumprodukten werden sowohl erfolgreiche als auch gescheiterte Partnerschaften analysiert. Was macht eine Kooperation zum Gamechanger? Welche Kriterien führen zum

Erfolg und welche zum Scheitern. Und vor allem: Was können wir daraus lernen?

Dieses Buch versteht sich als Einladung, Neuland zu betreten. Es wurde bewusst in einem narrativen Stil verfasst, um den Geist von Partnerschaft, Innovation und gemeinsamer Wertschöpfung spürbar zu machen. Auf Fußnoten habe ich verzichtet, um die Gedanken frei fließen zu lassen – hin zu einer Zukunft, die wir gemeinsam gestalten können. Die dargestellten Erkenntnisse basieren auf fundierten wissenschaftlichen Studien, die im Literaturverzeichnis aufgeführt sind, sowie auf persönlichen Erfahrungen, die ich in mehr als drei Jahrzehnten in der Begleitung und Umsetzung internationaler Projekte und deutsch-asiatischer Kooperationen sammeln durfte.

Ziel dieser Publikation ist es, den Blick für die großen Potenziale einer Partnerschaft mit Asiens Innovatoren zu öffnen. Es will inspirieren, bestehende Denkmuster zu hinterfragen, neue Wege zu beschreiten und Partnerschaften zu schaffen, die auf gegenseitigem Respekt, Vertrauen und einer gemeinsamen Vision beruhen. Denn die Zukunft gehört denjenigen, die den Mut haben, Grenzen zu überwinden und gemeinsam die Welt von morgen zu gestalten.

Gerade deshalb wurden hier konkrete Projektideen für die Zukunft ausgerufen: als Einladung zum Mitdenken und Mitgestalten. Sie stehen exemplarisch für das, was möglich ist, wenn wir das Prinzip der Partnerschaft ernst nehmen – nicht als Absichtserklärung, sondern als gemeinsamen Gestaltungsprozess. Diese Ideen sollen Denkanstöße geben, Diskussionen anstoßen und mutige Akteure zusammenbringen, die bereit sind, Verantwortung zu übernehmen und die Transformation aktiv voranzutreiben. Denn echte Veränderung beginnt dort, wo Visionen greifbar werden – in Unternehmungen, die zeigen, wie Partnerschaft konkret gestaltet werden kann.

Der Lesefluss geht vor – deshalb verzichte ich auf gendergerechte Sprache. Als Unternehmerin, die sich täglich in einer männlich geprägten Geschäftswelt behauptet, habe ich gelernt: Gleichberechtigung wird nicht geschrieben, sondern gelebt.

Hallenberg, März 2025   Isabel Wiedenroth

Kapitel 1: Einleitung

S stellen wir uns eine Welt vor, in der kein Unternehmen allein überleben kann. Eine Welt, in der Märkte sich in atemberaubendem Tempo verändern, Technologien sich in immer kürzeren Zyklen erneuern und Kundenbedürfnisse sich so schnell wandeln, dass selbst die innovativsten Unternehmen kaum Schritt halten können. Doch das ist keine ferne Zukunft – es ist die Gegenwart, in der wir längst angekommen sind.

In einer solchen Umgebung sind strategische Partnerschaften nicht mehr nur eine Option, sondern eine Notwendigkeit. Die Zeit der einsamen Marktführer, die in isolierten Zentralen operieren, ist längst vorbei. Heute zählt die Fähigkeit, sich mit den richtigen Partnern zu verbinden, Wissen zu teilen, Ressourcen zu bündeln und gemeinsam neue Wege zu beschreiten.

1.1 Bedeutung strategischer Partnerschaft

Der österreichische Ökonom Karl Aiginger betrachtet strategische Partnerschaften aus einer makroökonomischen Perspektive. In seinen Arbeiten zur europäischen Wirtschaftspolitik argumentiert er, dass Kooperationen nicht nur zwischen Unternehmen, sondern auch zwischen Regionen entscheidend für langfristige Wettbewerbsfähigkeit sind. Er betont, dass Partnerschaften über reinen Kostenwettbewerb hinausgehen – sie sind ein Instrument, um Innovationen voranzutreiben und nachhaltige wirtschaftliche Modelle zu entwickeln. Besonders in Zeiten wirtschaftlicher Unsicherheit sind strategische Allianzen ein Weg, um Stabilität und Wachstum zu sichern.

Die Weltwirtschaft befindet sich in einem Zustand ständiger Veränderung – unvorhersehbar, komplex und oft verwirrend. Man spricht auch von der VUCA-Welt. Der Begriff stammt aus dem militärischen Bereich, wurde aber in den letzten Jahren von der Wirtschaft und dem Management übernommen. VUCA steht für Volatility (Volatilität), Uncertainty (Unsicherheit), Complexity (Komplexität) und Ambiguity (Mehrdeutigkeit) – vier Faktoren, die heute jede unternehmerische Entscheidung beeinflussen.

In einer volatilen Welt sind Marktbedingungen alles andere als stabil. Preise für Rohstoffe schwanken innerhalb weniger Wochen drastisch, Technologien veralten in rasantem Tempo, politische Entscheidungen können über Nacht neue Rahmenbedingungen schaffen. Ein Beispiel dafür ist der Energiemarkt: Während Ölpreise noch vor wenigen Jahren den globalen Energiemarkt dominierten, haben erneuerbare Energien mittlerweile ganze Industrien umgekrempelt. Unternehmen müssen flexibel bleiben, um nicht von plötzlichen Veränderungen überrollt zu werden.

Unsicherheit bedeutet, dass selbst mit den besten Daten und Analysen nicht eindeutig vorhergesagt werden kann, wie sich Märkte, Technologien oder geopolitische Entwicklungen verändern werden. Ein aktuelles Beispiel ist die Digitalisierung: Während einige Unternehmen frühzeitig in Künstliche Intelligenz und Automatisierung investierten, blieben andere zögerlich – oft, weil niemand genau sagen konnte, wie schnell sich diese Technologien durchsetzen würden. Unternehmen, die langfristige Strategien entwickeln, müssen akzeptieren, dass sie nie mit absoluter Sicherheit wissen können, ob sie die richtige Entscheidung treffen.

Die moderne Wirtschaft ist ein hochkomplexes, global verflochtenes System – vergleichbar mit einem weit verzweigten Netz, in dem jede Bewegung an einem Ende spürbare Auswirkungen an vielen anderen Stellen haben kann. Ein Beispiel ist die globale Lieferkettenkrise: Ein Engpass bei Halbleitern in Asien führte zu Produktionsstopps in der deutschen Automobilindustrie, was wiederum Auswirkungen auf Arbeitsplätze und Investitionen hatte. Die wirtschaftlichen Abhängigkeiten sind so komplex geworden, dass keine einfache Ursache-Wirkungs-Beziehung mehr existiert – jedes Unternehmen muss ein tiefes Verständnis für seine gesamte Wertschöpfungskette entwickeln.

In einer VUCA-Welt gibt es oft kein Schwarz oder Weiß, sondern nur Grautöne. Unternehmen stehen vor Entscheidungen, deren Konsequenzen nicht eindeutig absehbar sind. Ein Beispiel ist der Umgang mit neuen Märkten: Soll ein Unternehmen frühzeitig in eine aufstrebende Region investieren oder lieber abwarten, bis sich der Markt stabilisiert? Während ein schnelles Handeln Chancen eröffnen kann, birgt es gleichzeitig Risiken. Doch zu lange zu warten, bedeutet oft, von agileren Wettbewerbern überholt zu werden.

Die moderne Wirtschaft gleicht einem Labyrinth. Unternehmen stehen vor Herausforderungen, die sie allein kaum bewältigen können: geopolitische Unsicherheiten, digitale Disruption, steigende Nachhaltigkeitsanforderungen und ein globaler Wettbewerb, der keine Pause kennt. Wer in diesem Umfeld erfolgreich sein will, muss sich Partner suchen, die helfen, dieses Labyrinth zu durchqueren. Denken wir an die Automobilindustrie: Elektrofahrzeuge, autonomes Fahren und neue Mobilitätskonzepte haben die Branche in einen Sturm der Veränderung gestürzt. Kein einzelner Hersteller kann all diese Herausforderungen allein bewältigen. Deshalb schließen sich deutsche Autobauer mit asiatischen Batterietechnik-Spezialisten zusammen, kooperieren mit Softwarefirmen oder investieren in Start-ups, die ihnen helfen, an der Spitze der Innovation zu bleiben.

Partnerschaften sind oft der Schlüssel zu bahnbrechenden Innovationen. Die großen technologischen Fortschritte unserer Zeit – sei es Künstliche Intelligenz, erneuerbare Energien oder biomedizinische Forschung – entstehen selten in Isolation. Sie sind das Ergebnis globaler Zusammenarbeit.

In einer vernetzten Welt bedeutet strategische Partnerschaft mehr als nur eine Geschäftsbeziehung. Sie ist eine Allianz von Ideen, ein Katalysator für Kreativität und eine Brücke zwischen Märkten und Kulturen. Deutsche Unternehmen, bekannt für ihre Präzision und Ingenieurskunst, können durch Kooperation mit asiatischen Innovatoren – oft Vorreiter in Bereichen wie Künstlicher Intelligenz oder Batterietechnologie – neue Möglichkeiten erschließen. Je vernetzter die Welt wird, desto fragiler scheinen manche Systeme zu sein. Globale Lieferketten sind anfällig für Störungen, politische Spannungen können ganze Märkte verändern, und plötzliche technologische Durchbrüche können einst stabile Geschäftsmodelle überflüssig machen.

Strategische Partnerschaften bieten hier einen entscheidenden Vorteil: Sie verteilen Risiken. Ein Unternehmen, das sich allein auf eine einzige Region,

Technologie oder Kundengruppe verlässt, läuft Gefahr, durch unvorhersehbare Ereignisse ins Wanken zu geraten. Doch wer durch Partnerschaften sein Portfolio diversifiziert, kann Markt-schwankungen abfedern, Ressourcen effizienter nutzen und auf unvorhersehbare Herausforderungen flexibler reagieren.

Eine strategische Partnerschaft ist keine bloße Transaktion – sie basiert auf Vertrauen, gemeinsamen Werten und einer Vision, die über kurzfristige Gewinne hinausgeht. Vertrauen verbindet das westliche Ingenieurskunst mit asiatischer Innovationskraft verbindet. Vertrauen bringt das Unternehmen dazu, sensible Technologien zu teilen, Märkte gemeinsam zu erschließen und langfristige Investitionen zu tätigen. Doch echtes Vertrauen wächst nur mit der Zeit, Erfolgreiche Partnerschaften entstehen nicht über Nacht – sie sind das Ergebnis von respektvollem Miteinander und der Fähigkeit, Unterschiede nicht als Barrieren, sondern als wertvolle Chancen für gegenseitiges Wachstum zu sehen.

Wir leben in einer Ära, in der kein Unternehmen, keine Branche und kein Land allein bestehen kann. Die Zeiten der abgeschotteten Märkte und isolierten Geschäftsmodelle sind vorbei. Die Welt ist enger vernetzt als je zuvor, und der technologische Fortschritt verändert Branchen in rasantem Tempo. Unternehmen, die glauben, allein durch ihre Größe oder Marktstellung bestehen zu können, übersehen eine entscheidende Wahrheit: Wettbewerbsfähigkeit entsteht nicht im Alleingang, sondern im Zusammenspiel mit starken Partnern.

Die Zukunft gehört denen, die bereit sind, sich zu vernetzen, Wissen zu teilen und gemeinsam Innovationen voranzutreiben. Kooperationen sind längst kein Zeichen von Schwäche, sondern von strategischer Weitsicht. Ein Unternehmen, das Partnerschaften eingeht, öffnet sich für neue Ideen, ergänzt seine eigenen Stärken mit dem Know-how anderer und schafft Synergien, die es allein nie hätte realisieren können. Besonders in Zeiten globaler Unsicherheiten und rasanter technologischer Veränderungen sind strategische Allianzen ein entscheidender Hebel, um Risiken zu minimieren und Chancen zu maximieren.

In einer komplexen Welt sind strategische Partnerschaften der Kompass, der Unternehmen hilft, nicht nur zu überleben, sondern zu wachsen und eine führende Rolle im globalen Wandel einzunehmen. Ein Unternehmen, das sich gezielt mit Partnern vernetzt, erweitert seinen Handlungsspielraum, erschließt neue Märkte und bleibt innovationsfähig. Gerade deutsche Unternehmen, die für Ingenieurskunst und Qualität stehen, profitieren davon, mit asiatischen Innovatoren zusammenzuarbeiten, die durch ihre Agilität, Skalierungsfähigkeit und disruptiven Technologien den Markt mitgestalten.

Der Nobelpreisträger Friedrich August von Hayek argumentiert, dass Netzwerke, Kooperationen und informelle Allianzen oft effizienter sind als zentral gesteuerte Organisationen. Seine Gedanken lassen sich auf Unternehmenspartnerschaften übertragen: Die erfolgreichsten Kooperationen entstehen nicht durch rigide Strukturen, sondern durch flexible, auf Vertrauen basierende Netzwerke, die sich dynamisch an Marktveränderungen anpassen können. Denn letztlich ist es nicht die Größe eines Unternehmens, die über Erfolg entscheidet – sondern die Stärke seines Netzwerks. Die erfolgreichsten Unternehmen der Zukunft werden diejenigen sein, die bereit sind, über Branchengrenzen hinweg zu denken, neue Allianzen zu schmieden und eine Kultur der offenen Zusammenarbeit zu etablieren.

1.2   Warum Deutschland und Asien?

Stellen wir uns eine Weltkarte vor – nicht als statische Ansammlung von Ländern, sondern als dynamisches Netzwerk von Handelsströmen, techno-logischen Innovationen und wirtschaftlichen Beziehungen. In diesem Netzwerk gibt es zwei Pole, die immer enger miteinander verknüpft sind: Deutschland und Asien. Zwei Regionen, die auf den ersten Blick so unterschiedlich erscheinen – die eine mit jahrhundertealter Ingenieurstradition und stabiler Industrie, die andere als pulsierendes Zentrum neuer Technologien, schneller Marktentwicklung und disruptiver Innovation. Doch genau diese Unterschiede machen sie zu perfekten Partnern.

Deutschland ist seit Jahrzehnten ein globaler Wirtschaftsmotor, bekannt für Präzision, Qualität und technische Exzellenz. Unternehmen wie Siemens, BMW, Bosch und SAP stehen weltweit für Innovationen in Maschinenbau, Automobilindustrie, Industrieautomatisierung und Softwareentwicklung. Made in Germany ist nicht nur ein Herkunftssiegel – es ist ein Versprechen für Langlebigkeit, Effizienz und höchste Standards.

Doch diese Stärken bringen auch Herausforderungen mit sich. Während deutsche Unternehmen für nachhaltige und ausgereifte Entwicklungen stehen, fehlt es ihnen oft an der Flexibilität, um auf rasante

Marktveränderungen schnell zu reagieren. Die Ingenieurskunst ist herausragend – aber sie neigt dazu, auf Perfektion, statt auf schnelle Umsetzung zu setzen. Die Folge: Wenn neue Technologien auf den Markt kommen, sind es oft asiatische Unternehmen, die sie zuerst in großem Maßstab verfügbar machen.

Auf der anderen Seite steht Asien – eine Region, die sich in den letzten Jahrzehnten von einem Produktionsstandort zur Innovationshochburg entwickelt hat. Asien ist nicht nur der größte Kontinent der Erde, sondern auch das dynamischste wirtschaftliche Kraftzentrum unserer Zeit. Mit einer Fläche von 44,58 Millionen Quadratkilometern erstreckt sich Asien über ein Drittel der gesamten Landmasse der Erde und umfasst 49 Länder mit einer atemberaubenden Vielfalt an Kulturen, Sprachen und wirtschaftlichen Strukturen.

Mit über 4,7 Milliarden Menschen – das sind mehr als 60 % der Weltbevölkerung – ist Asien der bevölkerungsreichste Kontinent. Länder wie China (1,4 Milliarden Einwohner) und Indien (1,4 Milliarden Einwohner) stellen allein zusammen fast 40 % der gesamten Menschheit. Diese enorme Bevölkerungsdichte macht Asien nicht nur zum größten Konsummarkt der Welt, sondern auch zu einem Zentrum für Arbeitskräfte, Innovationen und technologische Entwicklungen.

Auch wirtschaftlich dominiert Asien zunehmend das globale Geschehen. Mit einem Bruttoinlandsprodukt (BIP) von über 35 Billionen US-Dollar trägt der Kontinent maßgeblich zur Weltwirtschaft bei. China und Indien gehören zu den am schnellsten wachsenden Volkswirtschaften, während Länder wie Japan, Südkorea und Singapur hochentwickelte Industrienationen sind, die mit Spitzentechnologien und Innovationskraft überzeugen.

China hat sich zur weltweit führenden Kraft in Künstlicher Intelligenz, E-Commerce, Elektromobilität und FinTech entwickelt. **Japan** ist ein Pionier in Robotik, Hochtechnologie und Präzisionsfertigung. **Südkorea** dominiert die Märkte für Halbleiter, 5G-Technologien und Unterhaltungselektronik. **Taiwan** ist mit TSMC der weltgrößte Produzent von Hochleistungschips – essenziell für die globale Technologiebranche. **Indien** entwickelt sich mit seiner boomenden IT- und Softwareindustrie zu einem zentralen Hub für Digitalisierung und Künstliche Intelligenz.

Mit seinem schier endlosen Potenzial an Ressourcen, Arbeitskraft und Innovationsfähigkeit ist Asien nicht nur eine wirtschaftliche Großmacht, sondern auch der wichtigste Handels- und Investitionspartner für Europa und die Welt. Wer heute in der globalen Wirtschaft erfolgreich sein will, kommt an Asien nicht vorbei.

Asiatische Unternehmen haben ein einzigartiges Talent: Sie entwickeln Technologien nicht nur schnell, sondern setzen sie in großem Maßstab um. Sie sind risikofreudig, experimentierfreudig und bereit, neue Geschäftsmodelle zu testen. Wo in Deutschland oft noch geplant und geprüft wird, haben chinesische oder südkoreanische Unternehmen längst eine funktionierende Marktlösung entwickelt.

Renommierte Wissenschaftlicher betonen die Bedeutung von Kooperationen zwischen Deutschland und China im Bereich der Digitalisierung und nachhaltigen Stadtentwicklung. Als Vorstandsvorsitzender des Münchner Kreises, plädierte Prof. Arnold Picot für eine enge Zusammenarbeit in der Entwicklung von intelligenten Steuerungssystemen und smarten Infrastrukturen, die sowohl in Deutschland als auch in China die Lebensqualität verbessern und CO_2-Emissionen reduzieren können.

Der deutschstämmige Unternehmer Horst Geicke lebt seit den 1980er Jahren in Asien und hat maßgeblich zur wirtschaftlichen Vernetzung zwischen Deutschland und Vietnam beigetragen. Als Mitbegründer der VinaCapital Group und Vorstandsvorsitzender des Deutschen Hauses Ho Chi Minh City hat er bedeutende Projekte initiiert, die deutschen Unternehmen den Markteintritt in Vietnam erleichtern und die bilateralen Beziehungen stärken. Sein Engagement zeigt, wie individuelle Initiativen die wirtschaftliche Zusammenarbeit fördern können.

Bekannte Organisationen wie der Deutsch-Japanische Wirtschaftskreis (DJW) engagierten sich seit Jahrzehnten für eine starke wirtschaftliche Vernetzung zwischen Deutschland und Japan. Mit über 1.100 Mitgliedern unterstützt der DJW gezielt den Wissensaustausch, Technologietransfer und Marktzugang für deutsche und japanische Unternehmen. Die Organisation fördert eine nachhaltige und innovationsgetriebene Partnerschaft zwischen beiden Ländern durch Konferenzen, Studien und Networking-Veranstaltungen.

Auch der Ostasiatische Verein (OAV) ist eine der wichtigsten Plattformen für den Austausch zwischen deutschen Unternehmen und den Ländern des Asien-Pazifik-Raums. Mit über 500 Mitgliedern setzt sich der OAV aktiv für die Förderung von Handelsbeziehungen, Investitionen und wirtschaftlicher Zusammenarbeit ein.

Diese Persönlichkeiten und Organisationen zeigen, dass erfolgreiche wirtschaftliche Kooperationen nicht zufällig entstehen, sondern gezielt gefördert werden müssen. Sie tragen maßgeblich dazu bei, Brücken zwischen Deutschland und Asien zu bauen,

Innovationen voranzutreiben und nachhaltige Wirtschaftspartnerschaften zu gestalten.

Warum also eine Partnerschaft zwischen Deutschland und Asien? Die Antwort liegt auf der Hand: Die Stärken des einen gleichen die Schwächen des anderen aus – und genau darin liegt das Potential für eine erfolgreiche Zusammenarbeit.

Deutschland bringt Stabilität, Qualität und tiefgehendes Ingenieurwissen. Asien bringt Agilität, Geschwindigkeit und ein disruptives Innovationsmodell. Gemeinsam können sie Märkte erschließen, die alleine schwer zugänglich wären.

Denken wir an die Automobilbranche: deutsche Hersteller wie Mercedes-Benz, BMW und Volkswagen haben jahrzehntelange Erfahrung im Bau von Premium-Fahrzeugen. Doch die Revolution der Elektromobilität wird von asiatischen Innovatoren vorangetrieben – allen voran chinesische Firmen wie BYD und CATL, die Weltmarktführer in der Batterietechnologie sind. Ohne Partnerschaften mit asiatischen Firmen würden deutsche Automobilhersteller Gefahr laufen, im wichtigsten Zukunftsmarkt der Mobilität ins Hintertreffen zu geraten. Oder betrachten wir die Halbleiterindustrie: Während deutsche Unternehmen wie Infineon führend in Hochleistungselektronik sind, kommen die entscheidenden Chips für Smartphones, Computer und

KI-Anwendungen fast ausschließlich aus Taiwan und Südkorea. Ohne asiatische Partner wäre die europäische Technologiebranche auf vielen Ebenen nicht wettbewerbsfähig.

Die Zusammenarbeit zwischen deutschen Unternehmen und asiatischen Innovatoren ist weit mehr als eine geschäftliche Verbindung, sie ist eine anspruchsvolle, aber zugleich chancenreiche Herausforderung. Wer sich auf dieses Terrain begibt, muss mehr als nur wirtschaftliches Interesse mitbringen. Es erfordert ein tiefes Verständnis für kulturelle Unterschiede, die Geduld, unterschiedliche Arbeitsweisen zu respektieren, und die Offenheit, sich auf neue Denkansätze einzulassen.

Im Mittelpunkt dieser Partnerschaften steht nicht ausschließlich die Maximierung von Profit oder die kurzfristige Erschließung neuer Absatzmärkte. Vielmehr geht es darum, eine gemeinsame Vision für nachhaltiges, zukunftsorientiertes Wachstum zu entwickeln, die auf gegenseitigem Vertrauen, Respekt und langfristiger Zusammenarbeit basiert. In einer Welt, die von geopolitischen Spannungen, Klimakrise und technologischen Umbrüchen geprägt ist, gewinnen Partnerschaften, die über bloße Gewinnmaximierung hinausgehen, zunehmend an Bedeutung. Es geht um geteilte Zukunftswerte, die Fähigkeit zum Innovationsaustausch und den gemeinsamen Wille Verantwortung über nationale Grenzen hinweg zu übernehmen.

Besonders deutlich wird diese Kraft in Zukunftsfeldern wie der Nachhaltigkeit oder Kreiswirtschaft. Unternehmen, denen es gelingt, die jeweiligen Stärken und Kompetenzen beider Kulturkreise sinnvoll zu integrieren, schaffen sich nicht nur einen entscheidenden Wettbewerbsvorteil. Sie übernehmen auch eine Vorreiterrolle bei der Gestaltung einer verantwortungsbewussten, nachhaltigen und innovativen globalen Wirtschaft.

1.3   Asiatisches Mindset

Das Mindset in Asien zur Partnerschaft unterscheidet sich in vielerlei Hinsicht von westlichen oder amerikanischen Ansätzen, insbesondere vom „Deal Mindset" im Still Donald Trumps. Während in den USA oder Europa Verhandlungen oft auf klare vertragliche Vereinbarungen und kurzfristige wirtschaftliche Vorteile ausgerichtet sind, spielt in Asien die langfristige Beziehungsebene eine zentrale Rolle. Partnerschaften sind dort nicht nur Geschäftsbeziehungen, sondern oft eng mit persönlichen Netzwerken, Vertrauen und kulturellen Normen verknüpft.

In vielen asiatischen Kulturen sind persönliche Beziehungen die Basis für erfolgreiche Geschäfts-kooperationen. In China spricht man von „Guanxi", in Japan von „Kankei" und in Korea von „Jeong" – Konzepte, die darauf basieren, durch langfristige Verbindungen und gegenseitige Gefälligkeiten ein starkes Vertrauensverhältnis aufzubauen. Eine Geschäftsbeziehung beginnt oft mit informellen Treffen, gemeinsamen Essen oder Geschenken, bevor es überhaupt zu Vertragsverhandlungen kommt. Ohne eine tragfähige persönliche Basis ist es schwer, in Asien eine echte Partnerschaft aufzubauen.

Während im Westen Geschäftsbeziehungen oft ergebnisorientiert und vertraglich abgesichert sind, wird in Asien mehr Wert auf Kontinuität und langfristige Zusammenarbeit gelegt. Ein einzelner Deal ist selten das Hauptziel – wichtiger ist, eine Basis für künftige Kooperationen zu schaffen. Das bedeutet auch, dass Verhandlungen oft länger dauern, weil erst eine solide Vertrauensbasis aufgebaut werden muss. Entscheidungen werden nicht überstürzt getroffen, und die Einhaltung von Verpflichtungen ist wichtiger als der kurzfristige Gewinn.

In vielen asiatischen Ländern ist der Kommunikationsstil eher indirekt und auf Harmonie bedacht. Konfrontative Verhandlungen gelten als unhöflich oder sogar respektlos. Statt harter Forderungen setzt man auf weichen Druck und diplomatische Formulierungen. Ein direktes „Nein" wird oft vermieden – stattdessen werden vage Antworten gegeben, die zwischen den Zeilen interpretiert werden müssen. Entscheidungen werden zudem häufig im Konsens getroffen, insbesondere in Japan oder Südkorea. Das bedeutet, dass viele Personen in den Prozess eingebunden sind, was wiederum Zeit kostet, aber auch zu stabileren und nachhaltigen Vereinbarungen führt.

Das Konzept des 'Gesichts' spielt in vielen asiatischen Kulturen eine zentrale Rolle, insbesondere im geschäftlichen Kontext. In China wird es als „Mianzi" bezeichnet, in Japan spricht man von „Tatemae", und auch in den Ländern wie Korea oder

Vietnam existieren ähnliche Vorstellungen. Dabei geht es nicht nur um den persönlichen Stolz oder das äußere Ansehen einer Person, sondern um den sozialen Status, das Ansehen innerhalb einer Gruppe sowie das Maß an Respekt, das einer Person oder einem Unternehmen entgegengebracht wird.

Gesicht wahren bedeutet in diesem Zusammenhang, dass niemand öffentlich bloßgestellt, beschämt oder in eine peinliche Lage gebracht wird – weder im Gespräch unter vier Augen noch vor Dritten. Ein Verlust des Gesichts kann schwerwiegende Folgen haben: Er kann nicht nur die persönliche Ehre verletzen, sondern auch die Vertrauensbasis zerstören, auf der eine Geschäftsbeziehung beruht. In Asien werden Beziehungen oft als langfristige, vertrauensvolle Partnerschaften verstanden, und Respekt sowie Harmonie sind dafür zentrale Voraussetzungen.

In der Praxis bedeutet das: Wer einen asiatischen Geschäftspartner offen kritisiert, Widerspruch in aller Öffentlichkeit äußert oder zu direkt unter Druck setzt, riskiert, die Beziehung nachhaltig zu schädigen. Selbst sachlich gemeinte Anmerkungen können als Gesichtsverlust empfunden werden, wenn sie nicht sensibel und in angemessener Form kommuniziert werden. Daher ist es ratsam, Kritik oder heikle Themen in privaten, respektvollen

Gesprächen zu thematisieren und dabei stets den Ton der Wertschätzung zu wahren.

Asiatische Verhandlungspartner verhalten sich oft zurückhaltender und indirekter, um die Harmonie zu wahren und Konflikte zu vermeiden. Ein direktes „Nein" wird selten ausgesprochen, stattdessen werden häufig Umschreibungen oder höfliche Ausweichformeln verwendet, die westliche Geschäftspartner leicht missverstehen können. Ein „Wir werden darüber nachdenken" oder „Das könnte schwierig werden" kann in Wahrheit bereits eine Absage bedeuten.

Wer die Bedeutung des Gesichts versteht und in seinem Verhalten berücksichtigt, schafft Vertrauen und baut langfristige Partnerschaften auf. Erfolgreiche Verhandler in Asien wissen um diese feinen kulturellen Unterschiede und passen ihre Kommunikations- und Verhandlungsstrategien entsprechend an. Sie achten darauf, Gesprächspartnern Gelegenheiten zu geben, ihr Gesicht zu wahren, indem sie beispielsweise Kompromisslösungen anbieten oder dem Gegenüber eine elegante Möglichkeit geben, seinen Standpunkt zu ändern, ohne an Ansehen zu verlieren.

Während in westlich geprägten Wirtschaftskulturen, insbesondere in Europa und Nordamerika, schriftliche Verträge als verbindliche und abschließende Regelwerke verstanden werden, die möglichst alle Eventualitäten abdecken, wird in vielen asiatischen Ländern ein ganz anderer Umgang mit vertraglichen Vereinbarungen gepflegt.

Dort gelten Verträge oft eher als flexible Rahmenvereinbarungen, die den Beginn einer Beziehung markieren – nicht ihr endgültiges Ergebnis. Der Fokus liegt weniger auf der buchstabengetreuen Einhaltung einzelner Klauseln, sondern vielmehr auf dem Verhältnis zwischen den Geschäftspartnern und dem gemeinsamen Ziel einer langfristigen, stabilen Kooperation.

In China etwa wird ein Vertrag oft als Momentaufnahme eines bestimmten Verständnisses in einem bestimmten Kontext gesehen. Verändert sich dieser Kontext – etwa durch neue Marktbedingungen, politische Entwicklungen oder technologische Umbrüche – dann wird eine Anpassung des Vertragsinhalts nicht als Vertragsbruch, sondern als pragmatischer Schritt im Sinne beider Seiten betrachtet. In einem solchen Umfeld wird erwartet, dass beide Partner Flexibilität und Kompromissbereitschaft zeigen, um den langfristigen Erfolg der Zusammenarbeit zu sichern.

Diese Haltung hat tiefere kulturelle Wurzeln: In vielen asiatischen Gesellschaften wird Beziehungsmanagement („Guanxi" in China) als mindestens ebenso wichtig angesehen wie juristische Absicherung. Der persönliche Vertrauensaufbau, regelmäßiger Austausch und das Streben nach Harmonie sind zentrale Elemente im Geschäftsleben. Eine zu starre oder konfrontative Haltung, wie sie in westlichen Vertragsverhandlungen üblich sein kann, wird unter Umständen als Zeichen von Misstrauen oder mangelndem Respekt interpretiert.

1.4 Ambivalenz der China-Partnerschaft

Tim Cook, der CEO von Apple, hat mehrfach die Bedeutung Chinas für das Unternehmen hervorgehoben. Er betont, dass Apples Engagement in China nicht primär auf kostengünstiger Produktion basiert, sondern auf der hohen Qualität und dem umfangreichen Pool an hochqualifizierten Fachkräften, die das Land bietet. Diese Fachkräfte ermöglichen es Apple, Produkte auf höchstem Niveau zu entwickeln und herzustellen.

Im Laufe der Jahre hat Apple erhebliche Investitionen in China getätigt, um die Zusammenarbeit weiter zu stärken. Berichten zufolge unterzeichnete Tim Cook im Jahr 2016 eine Vereinbarung mit chinesischen Regierungsvertretern über Investitionen in Höhe von 275 Milliarden US-Dollar. Dieses Abkommen zielte darauf ab, die Beziehungen zu China zu festigen und den Zugang zum chinesischen Markt zu sichern.

Cook hat auch die Bedeutung Chinas für Apples Lieferkette und Produktion betont. In einem Interview erklärte er, dass China über eine einzigartige Kombination von Fähigkeiten verfügt, die für die Herstellung von Apple-Produkten unerlässlich sind. Diese Kombination aus Fachwissen, Infrastruktur und Engagement ermöglicht es Apple, innovative Produkte in großem Maßstab zu produzieren.

In den letzten Jahren hat sich China an die Spitze zentraler Zukunftstechnologien gesetzt. Wo einst westliche Unternehmen den Ton angaben, entstehen heute in China die Trends, die weltweit übernommen werden – sei es in der Künstlichen Intelligenz, im E-Commerce, in der Elektromobilität oder im Finanzsektor. Die Zusammenarbeit mit chinesischen Partnern biete enorme Chancen, birgt aber auch Risiken, die Unternehmen aus Deutschland und anderen westlichen Ländern berücksichtigen sollten. Diese Risiken resultieren häufig aus politischen, wirtschaftlichen und kulturellen Unterschieden, die sich auf die Geschäftsbeziehung auswirken können.

Ein zentrales Risiko in der Zusammenarbeit mit asiatischen Innovatoren ist der Schutz geistigen Eigentums. In einigen asiatischen Ländern, allen voran China, gibt es Fälle, in denen westliche Technologien kopiert oder Patentrechte nicht ausreichend geschützt werden. Der Schutz geistigen Eigentums ist ein Thema, das weltweit relevant ist – nicht nur in der Zusammenarbeit mit China. Die Vorstellung, dass vor allem chinesischen Firmen für Produktkopien und Patentrechtsverletzungen verantwortlich sind, greift zu kurz.

In vielen aufstrebenden asiatischen Ländern wird das Kopieren von Technologien nicht als moralisch verwerflich empfunden, sondern als legitimer Bestandteil eines Entwicklungsprozesses. Unternehmer sehen sich nicht als Plagiatoren, sondern als Lernende – als Gestalter auf dem Weg zu eigener Innovationskraft. Ein Gründer aus Shenzhen etwa erklärte offen, dass sein Team bewusst bestehende Softwarelösungen analysiere und neu zusammensetze: schneller, günstiger, lokalisiert. „Wir kopieren nicht, wir lernen", sagte er. In den westlichen Industrienationen hingegen wird Produktpiraterie meist mit einem klaren moralischen Urteil betrachtet – als Diebstahl geistigen Eigentums, als Angriff auf kreative Leistung. Doch in vielen Teilen der Welt gelten andere Narrative. Dort, wo jahrzehntelang Zugang zu Technologie ein Privileg der Reichen war, entsteht eine andere Sichtweise: Das Kopieren wird als Demokratisierung von Wissen verstanden, als Möglichkeit, aufzuholen, wirtschaftlich aufzusteigen – und letztlich selbst zu innovieren.

Ein Blick in die Geschichte zeigt: Auch Europa war einst in dieser Rolle. Das Label „Made in Germany", heute ein weltweit anerkanntes Qualitätssiegel, wurde ursprünglich von Großbritannien eingeführt – nicht als Auszeichnung, sondern als Warnung. Im 19. Jahrhundert begannen deutsche Hersteller, britische Produkte zu imitieren und günstig zu exportieren. Um ihre Kunden vor diesen „billigen Nachahmungen" zu schützen, verlangten die Briten eine Kennzeichnungspflicht: Produkte aus Deutschland mussten als solche sichtbar gemacht werden. Doch was als Stigma begann, entwickelte sich im Laufe der Zeit zu einem Symbol für technische Exzellenz. Der Imitator wurde zum Innovator – ein Weg, den heute viele asiatische Länder einschlagen. Die Lehre aus dieser Entwicklung: Wirtschaftliche Nachahmung ist oft ein erster Schritt in der industriellen Entwicklung eines Landes. Viele Nationen, die sich später als Innovationsführer etabliert haben, begannen als Nachahmer, darunter auch Japan nach dem Zweiten Weltkrieg oder Südkorea in den 1960er und 1970er Jahren. Heute erleben wir Ähnliches in China, das sich von der „Werkbank der Welt" zunehmend zu einem Hightech-Standort mit eigenen, bahnbrechenden Innovationen entwickelt.

Auch „Made in China" ist längst nicht mehr automatisch ein Synonym für minderwertige Waren. In den letzten Jahrzehnten hat sich China von einer reinen Niedriglohnfertigung zu einem Innovationsstandort entwickelt, der in vielen Bereichen führend ist. China produziert nach wie vor Massenware im günstigen Segment, aber gleichzeitig sind chinesische Unternehmen in High-Tech-Sektoren wie Elektromobilität (BYD), Smartphones (Huawei, Xiaomi) und erneuerbare Energien global konkurrenzfähig. Viele westliche Unternehmen lassen in China mit höchsten Qualitätsstandards fertigen, weil dort die Produktionskapazitäten, das Know-how und die Technologie vorhanden sind.

Der Ruf chinesischer Produkte hängt oft von der Zielgruppe und dem Hersteller ab. Wer billig einkauft, bekommt oft auch billige Qualität – aber China kann ebenso Premiumprodukte herstellen, die mit westlichen und japanischen Marken mithalten oder diese sogar übertreffen.

Das Kopieren von Technologien oder Produkten ist nicht immer nur negativ zu sehen. In der Wirtschaftsgeschichte hat sich gezeigt, dass viele erfolgreiche Nationen zunächst durch Nachahmung lernten, bevor sie selbst zu führenden Innovatoren wurden. Unternehmen, die Technologien replizieren, lernen aus den bestehenden Lösungen und entwickeln sie oft weiter. Apple zum Beispiel hat viele seiner Technologien nicht erfunden, sondern basierend auf existierenden Konzepten weiterentwickelt und perfektioniert – vom Touchscreen bis zur Benutzerführung. Ebenso haben japanische Autohersteller in den 1950er und 1960er Jahren westliche Modelle nachgebaut, sie aber in puncto Effizienz und Qualität übertroffen.

Gleichzeitig stellt sich die Frage, wie mit Produkt- und Markenpiraterie heute umzugehen ist –

insbesondere dort, wo sie nicht als Lernschritt, sondern als bewusste Ausbeutung geistigen Eigentums betrieben wird. Die Antwort darauf ist komplex und liegt nicht allein in schärferen Gesetzen oder Handelsbeschränkungen. Vielmehr braucht es einen intelligenten Mix aus Aufklärung, Technologie und Partnerschaft: Unternehmen können durch fälschungssichere Verpackungen, digitale Produktpässe oder Blockchain-basierte Herkunftsnachweise ihre Marken schützen. Gleichzeitig sind internationale Kooperationen entscheidend – etwa zwischen Zollbehörden, Innovationszentren und Bildungseinrichtungen. Und nicht zuletzt: Wer Innovation teilt, statt sie ausschließlich zu verteidigen, schafft Vertrauen, Verständnis und neue Formen der Zusammenarbeit. Denn Fortschritt entsteht dort, wo man Unterschiede nicht als Bedrohung, sondern als Impuls zur Weiterentwicklung versteht.

Die wirtschaftliche Zusammenarbeit mit China bietet viele Vorteile. Deutsche Unternehmen, die strategische Partnerschaften eingehen, erhalten Zugang zu modernster Technologie, zu einem der größten Absatzmärkte der Welt und zu einer Dynamik, die es in dieser Form in Europa kaum gibt. China skaliert Innovationen in einer Geschwindigkeit, die deutsche Unternehmen oft vor neue Möglichkeiten, aber auch vor Herausforderungen stellt. Während man in Deutschland noch über regulatorische Fragen diskutiert, sind chinesische Firmen längst auf dem Markt – ein Tempo, das es deutschen Unternehmen schwer macht, allein mitzuhalten. Doch wer mit China kooperiert, muss sich auch der Risiken bewusst sein. Der Umgang mit geistigem Eigentum ist ein sensibles Thema. Unternehmen, die in China produzieren oder ihr Wissen teilen, müssen sicherstellen, dass sie nicht langfristig die Grundlage für neue Wettbewerber legen, die später mit eigenen Produkten auf den Markt drängen. Viele westliche Firmen haben erlebt, dass Partnerschaften in China zunächst erfolgversprechend waren, sich später zu einem harten Konkurrenzkampf entwickelten.

Ein oft diskutierter Punkt ist die politische und regulatorische Stabilität. Im Gegensatz zur häufig wechselhaften Politik westlicher Demokratien – wie beispielsweise unter der Trump-Administration – bietet China eine bemerkenswerte politische Kontinuität. Die langfristige strategische Planung der chinesischen Regierung gibt Unternehmen eine verlässliche Perspektive für Investitionen und Partnerschaften. Allerdings bedeutet dies nicht, dass der Markt in jeder Hinsicht berechenbar ist. Chinas Regierung kann regulatorische Rahmenbedingungen sehr schnell anpassen, insbesondere wenn nationale Interessen betroffen sind. Wer sich zu stark und einseitig auf China als Produktions- oder Absatzmarkt verlässt, muss darauf vorbereitet sein, flexibel auf neue Vorgaben zu reagieren.

Trotz dieser Herausforderungen ist die Antwort nicht, sich von China abzuwenden. Vielmehr geht es darum, mit klarem Blick und einer durchdachten Strategie zu agieren. Wer den chinesischen Markt versteht, wer Kooperationen mit langfristigem Nutzen eingeht und gleichzeitig sein eigenes Know-how schützt, kann in dieser Partnerschaft enorm profitieren. Deutschland kann von Chinas Innovationskraft genauso lernen, wie China von deutscher Ingenieurskunst und Qualitätssicherung profitiert. Daher ist China weiterhin ein Partner mit großem Potenzial – aber wie in jeder guten Partnerschaft kommt es darauf an, auf Augenhöhe zu agieren, Chancen zu nutzen und Risiken bewusst zu steuern. Wer dies versteht, kann nicht nur von Chinas Aufstieg profitieren, sondern selbst Teil der globalen Wirtschaft von morgen werden.

Kapitel 2: Erfolgreiche Partnerschaften

Wer in Asien erfolgreich sein will, muss mehr als nur Produkte liefern – es geht darum, Beziehungen aufzubauen, Geduld zu zeigen und die Werte des Gegenübers zu respektieren. Deutsche Unternehmen, die bereit sind, ihre Strategien anzupassen und lokale Bedürfnisse ernst zu nehmen, schaffen die Grundlage für nachhaltige Zusammenarbeit. Nicht die schnelle Expansion, sondern das gemeinsame Entwickeln von Lösungen und Visionen führt zum Erfolg. Partnerschaften werden in Asien als langfristige Verpflichtung verstanden – geprägt von gegenseitigem Respekt, gemeinsamen Zielen und dem Willen, voneinander zu lernen.

Daher sollte anhand von bedeutenden Erfolgsbeispielen verdeutlicht werden, wie solche Kooperationen in der Praxis funktionieren. Sie zeigen nicht nur, welche Faktoren zum Erfolg führen, sondern auch, welche Stolpersteine es zu vermeiden gilt. Denn nur wer versteht, wie erfolgreiche Partnerschaften gestaltet werden, kann das volle Potenzial einer Zusammenarbeit mit Asiens Innovationskraft ausschöpfen.

2.1 Fallstudie: BMW und Brilliance

Als BMW Anfang der 2000er Jahre die Entscheidung traf, mit dem chinesischen Automobilhersteller Brilliance Auto ein Joint Venture einzugehen, war das keineswegs ein gewöhnlicher Markteintritt. Es war ein strategisches Manöver, das beispielhaft aufzeigt, wie eine Partnerschaft zwischen einem deutschen Premiumhersteller und einem aufstrebenden chinesischen Unternehmen gelingen kann – wenn gegenseitiges Vertrauen, kulturelles Verständnis und ein klug ausbalancierter Technologietransfer zusammenkommen.

Von Beginn an zeigte BMW die Bereitschaft, technologisches Know-how nach China zu bringen – nicht in Form eines vollständigen „Ausverkaufs", sondern im Rahmen eines strukturierten und wohlüberlegten Transfers. Fertigungsprozesse, Qualitätsstandards und bestimmte Komponentenentwicklungen wurden lokalisiert, angepasst und geteilt. Für Brilliance bedeutete dies einen massiven Kompetenzschub, sowohl in der Produktion als auch im Management. Für BMW wiederum war es der Schlüssel, um sich langfristig im größten Automarkt der Welt zu etablieren – mit lokal gefertigten Modellen, die den Ansprüchen der chinesischen Kundschaft gerecht wurden.

Doch ebenso bemerkenswert war, was BMW nicht transferierte: die Kontrolle über seine strategischen Kernkompetenzen. Die entscheidenden Innovationsbereiche – wie die Entwicklung der Motorentechnologie, die Fahrwerksabstimmung, die Softwarearchitektur oder das strategische Design der Markenidentität – blieben fest in der Hand des Konzerns mit Sitz in München. Diese klare Trennung ermöglichte es, das eigene geistige Eigentum zu schützen und die technologische Führungsrolle zu bewahren, während man gleichzeitig in einem hochregulierten und kulturell herausfordernden Markt Fuß fasste.

Diese Partnerschaft war nicht nur ein wirtschaftlicher Erfolg, sondern auch ein Symbol für eine neue Form der internationalen Kooperation. Als 2018 die chinesische Regierung das Joint-Venture-Gesetz lockerte und BMW als erster ausländischer Hersteller die Mehrheit an seinem chinesischen Partnerunternehmen übernehmen durfte, war das ein Meilenstein – sowohl für BMW als auch für die deutsch-chinesische Wirtschaftsgeschichte.

Was diese Erfolgsgeschichte besonders lehrreich macht, ist die Erkenntnis, dass Technologietransfer kein Entweder-oder sein muss. Vielmehr liegt der Schlüssel in einem partnerschaftlichen Ansatz, der auf Augenhöhe agiert, Chancen nutzt und zugleich die eigenen Stärken wahrt.

BMWs langfristiger Erfolg in China ist nicht nur das Ergebnis technologischer Exzellenz und lokaler Anpassung, sondern auch ein Beispiel für kluges, strategisches Feingefühl im Umgang mit seinem chinesischen Partner Brilliance. Insbesondere die Art und Weise, wie BMW die Mehrheitsübernahme seines Joint Ventures BMW Brilliance Automotive Ltd. (BBA) gestaltet hat, zeigt, wie wichtig kulturelle Sensibilität und politisches Fingerspitzengefühl im chinesischen Geschäftsumfeld sind. Im Jahr 2018 nutzte BMW die von der chinesischen Regierung angekündigte Lockerung der Joint-Venture-Vorschriften in der Automobilbranche. Diese Gesetzesänderung erlaubte ausländischen Herstellern, eine Mehrheitsbeteiligung an ihren chinesischen Joint Ventures zu erwerben – eine historische Entwicklung, die BMW als erster westlicher Automobilkonzern aktiv umsetzte. Das Unternehmen erhöhte seinen Anteil an BBA von 50% auf 75%. Damit übernahm BMW die operative Kontrolle über eines der wichtigsten Joint Ventures im weltweit größten Automobilmarkt.

Doch was auf dem Papier nach einer einfachen Anteilsverschiebung aussieht, war in Wirklichkeit ein hochsensibler Prozess. Brilliance war nicht nur ein wirtschaftlicher Partner, sondern auch tief in die politischen und gesellschaftlichen Netzwerke Chinas eingebunden. Ein abruptes oder öffentlich zur Schau gestelltes Übernehmen der Kontrolle hätte das „Gesicht" von Brilliance massiv beschädigen können – mit weitreichenden Folgen. In China bedeutet ein Gesichtsverlust (Mianzi) oft, dass Vertrauen und Ansehen innerhalb des politischen und wirtschaftlichen Systems verloren gehen. Dies kann zu einer Isolation führen, zu Widerständen auf Verwaltungsebene oder gar zu einem Reputationsschaden für alle Beteiligten.

BMW verstand diese Dynamik genau. Die Verhandlungen über die Mehrheitsbeteiligung wurden diskret und im gegenseitigen Einvernehmen geführt. Es gab keine öffentlichen Machtdemonstrationen, keine dominanten Pressemitteilungen, die Brilliance als schwachen Partner dargestellt hätten. Stattdessen betonte BMW in allen offiziellen Statements den Respekt gegenüber Brilliance, sprach von der Fortsetzung einer „bewährten Partnerschaft" und hob die beiderseitigen Erfolge hervor. Selbst nach der Übernahme von 75% der Anteile blieb, BMW in enger Abstimmung mit Brilliance. Das Unternehmen sicherte zu, weiterhin Arbeitsplätze zu erhalten, die bestehenden Produktionsstätten gemeinsam zu betreiben und Brilliance als integralen Teil des Erfolgs zu würdigen. Diese Haltung war entscheidend, um das Vertrauen lokaler Behörden und Entscheidungsträger zu bewahren, die im chinesischen System eine sehr wichtige Rolle spielen.

„Die letzten 15 Jahre waren ein großer Erfolg, weil wir den richtigen Partner haben. Das ist entscheidend für unseren Erfolg." – Dr. Johann Wieland, Präsident und CEO von BMW Brilliance Automotive, im Oktober 2018 anlässlich des 15-jährigen Jubiläums des Jint Ventures BMW Brilliance Automotive (BBA) in einem Interview mit China.org.cn.

Auch Yumin Qi, CEO der Brilliance Automotive Group Holdings, betonte: "BMW Brilliance Automotive ist eine einzigartige Erfolgsgeschichte und steht exemplarisch für eine vertrauensvolle Partnerschaft."

Diese Aussagen verdeutlichen, dass die Partnerschaft zwischen BMW und Brilliance nicht nur auf wirtschaftlichem Erfolg basiert, sondern auch auf einem tiefen gegenseitigen Vertrauen und einer gemeinsamen Vision für nachhaltiges Wachstum. Die enge Zusammenarbeit hat nicht nur zur Stärkung beider Unternehmen beigetragen, sondern auch positive Impulse für die wirtschaftliche Entwicklung in der Region gesetzt.

2.2 Adidas - Lifestyle in China

Als Adidas in den frühen 1990er-Jahren seine ersten Schritte auf dem chinesischen Markt unternahm, war der Sportartikelhersteller aus Deutschland bereits eine weltweit bekannte Marke. Doch China war ein völlig anderer Markt: kulturell und wirtschaftlich. Der sportliche Lifestyle, den Adidas in Europa und den USA verkörperte, war in China noch kaum verbreitet. Stattdessen dominierte damals die funktionale Betrachtung von Sportbekleidung – eher praktisch als modisch. Doch Adidas erkannte früh, dass China mehr sein würde als nur eine Werkbank der Welt. Es war ein Konsumentenmarkt im Entstehen, mit einer jungen, aufstrebenden Mittelschicht, die hungrig auf internationale Marken war.

Während im Jahr 2000 nur vier Prozent der Bevölkerung zur Mittelschicht zählten, sind es heute über 400 Millionen Menschen – Tendenz steigend. Prognosen zufolge wird diese Zahl bis 2030 auf mehr als 600 Millionen anwachsen. Besonders prägend ist die junge Generation, die sogenannten Millennials und die Generation Z. Sie sind digital vernetzt, markenbewusst und bereit, für Qualität und Lifestyle-Produkte mehr zu bezahlen. Viele von ihnen profitieren vom sogenannten „6-Pocket-Phänomen": Als Einzelkinder erhalten sie finanzielle Unterstützung von Eltern und Großeltern und verfügen über eine hohe Kaufkraft. Marken wie Adidas und BMW sind längst Statussymbole – gekauft wird, was den eigenen Stil und sozialen Status unterstreicht.

Bereits in den 1990er-Jahren verlagerte Adidas einen großen Teil seiner Produktion nach Asien – hauptsächlich nach China und Vietnam. Das senkte die Produktionskosten und legte den Grundstein für die Expansion im asiatischen Raum. Doch während viele westliche Unternehmen damals China lediglich als Produktionsstandort betrachteten, erkannte Adidas das wachsende Potenzial des chinesischen Binnenmarktes. Mit dem steigenden Wohlstand änderten sich die Konsumgewohnheiten, vor allem in den urbanen Zentren wie Shanghai, Beijing und Guangzhou. Es entstand eine neue Generation junger Konsumenten, die bereit war, für Markenprodukte mehr zu bezahlen – vorausgesetzt, diese Marken verstanden ihre Werte und ihren Lebensstil.

Nach mehreren herausfordernden Jahren, geprägt von pandemiebedingten Einschränkungen, geopolitischen Spannungen und zunehmendem Wettbewerb durch lokale Marken, gelang Adidas im Jahr 2024 ein bemerkenswertes Comeback auf dem chinesischen Markt. Unter der Führung von CEO Bjørn Gulden setzte das Unternehmen auf eine umfassende Lokalisierungsstrategie, die sich als Schlüssel zum Erfolg erwies.

Ein zentraler Bestandteil dieser Strategie war die Entwicklung von Produkten, die speziell auf die kulturellen Vorlieben und Bedürfnisse der chinesischen Konsumenten zugeschnitten sind. Adidas integrierte traditionelle chinesische Elemente in das Produktdesign und plante, bis zum Jahr 2025 mindestens 30 % der in China verkauften Kleidung lokal zu entwerfen – ein signifikanter Anstieg gegenüber dem niedrigen einstelligen Prozentbereich vor der Krise. Zudem wurde ein 80-köpfiges Designteam in Shanghai etabliert, um schneller auf lokale Modetrends reagieren zu können.

Parallel dazu verlagerte Adidas einen größeren Teil seiner Produktion nach China, um die Lieferzeiten zu verkürzen und die Reaktionsfähigkeit auf Marktveränderungen zu erhöhen. Diese Maßnahmen ermöglichten es dem Unternehmen, die überwiegende Mehrheit der Produkte für den lokalen Markt in China zu produzieren und so die Effizienz und Flexibilität in der Lieferkette zu steigern.

Die Ergebnisse dieser strategischen Neuausrichtung spiegelten sich in den Geschäftszahlen wider: Im dritten Quartal 2024 verzeichnete Adidas in China einen währungsbereinigten Umsatzanstieg von 9 % auf 946 Millionen Euro – das stärkste Wachstum seit Anfang 2022.

Bjørn Gulden betonte die Bedeutung des chinesischen Marktes für Adidas und erklärte: „Wir versuchen, das, was wir in China verkaufen, lokal zu produzieren, indem wir globale Trends übernehmen und gleichzeitig lokale Vorlieben berücksichtigen."

Diese Aussage unterstreicht das Engagement von Adidas, sich an die spezifischen Anforderungen des chinesischen Marktes anzupassen und gleichzeitig die globale Markenidentität zu wahren.

Das in China entwickelte Lokalisierungsmodell dient Adidas inzwischen als Blaupause für weitere asiatische Märkte, etwa in Südostasien, wo ähnliche Strategien angewendet werden. Chinas Aufstieg zur Konsumnation markiert eine der tiefgreifendsten wirtschaftlichen Transformationen der letzten Jahrzehnte. Einst bekannt als die „Werkbank der Welt", wo günstige Waren für westliche Märkte gefertigt wurden, hat sich China heute zu einem der wichtigsten Absatzmärkte für internationale und heimische Marken entwickelt. Angetrieben wird dieser Wandel vor allem von einer jungen, urbanen Mittelschicht, die nicht nur konsumfreudig, sondern auch anspruchsvoll ist. Diese Generation - bestehend aus Millennials und der Generation Z – ist das Produkt des rasanten Wirtschaftswachstums der vergangenen 30 Jahre. Viele von ihnen sind gut ausgebildet, digital vernetzt und international orientiert. Sie sind mit Smartphones, sozialen Medien und globalen Marken groß geworden. Gleichzeitig sind sie sich ihrer wachsenden Kaufkraft bewusst. Der Lebensstandard ihrer Eltern war geprägt von Sparsamkeit, doch sie selbst definieren sich zunehmend über Konsum: Über Marken, die ihren persönlichen Stil, Status und ihre Werte widerspiegeln. Diese jungen Konsumenten setzen neue Maßstäbe: Sie verlangen Individualisierung, Authentizität und innovative Einkaufserlebnisse. Für sie zählt nicht nur das Produkt, sondern die Geschichte, die es erzählt. Unternehmen, die diesen Wertewandel begreifen, gewinnen einen Platz in einer der einflussreichsten Zielgruppen der Welt.

Der Erfolg von Adidas in China zeigt, dass eine Kombination aus kultureller Sensibilität, lokaler Produktion und strategischer Anpassung an Marktbedürfnisse entscheidend sein kann, um in einem komplexen und wettbewerbsintensiven Umfeld erfolgreich zu sein. Die Erfahrungen von Adidas unterstreichen die Bedeutung einer tiefgreifenden Marktkenntnis und der Bereitschaft, Geschäftsmodelle flexibel an lokale Gegebenheiten anzupassen.

Kapitel 3: Gescheiterte Partnerschaften

Oft scheitern die Partnerschaften nicht an der Technologie oder am Marktpotenzial, sondern an kulturellen Missverständnissen, mangelndem Vertrauen und unvereinbaren Erwartungen. Wenn deutsche Unternehmen versuchen, ihre eigenen Strukturen und Denkweisen ungefiltert auf asiatische Partner zu übertragen, stoßen sie häufig auf Widerstand. Zu starke Kontrolle, fehlende Geduld oder ein Mangel an gegenseitigem Respekt können dazu führen, dass sich asiatische Partner zurückziehen oder die Beziehung nachhaltig beschädigt wird.

Ein zentraler Fehler liegt oft in der Unterschätzung der Bedeutung von persönlichen Beziehungen und informellen Netzwerken. Während deutsche Unternehmen auf Verträge, Prozesse und formale Strukturen vertrauen, ist für asiatische Partner die persönliche Ebene und der Aufbau von Vertrauen entscheidend. Wird diese Beziehungsebene vernachlässigt, fehlt das Fundament, auf dem langfristige Kooperationen wachsen können.

Zudem zeigen gescheiterte Partnerschaften, dass unterschiedliche Zielsetzungen und Erwartungen frühzeitig offen angesprochen werden müssen. Wer glaubt, ohne gemeinsame Vision eine erfolgreiche Zusammenarbeit führen zu können, riskiert

Missverständnisse, Enttäuschungen und am Ende das Scheitern.

aher wird dieses Thema im weiteren Verlauf anhand ausgewählter Fallbeispiele praxisnah erläutert. Sie machen deutlich, welche typischen Fehler zu vermeiden sind, und geben konkrete Einblicke in die Dynamik gescheiterter Partnerschaften – damit zukünftige Kooperationen erfolgreicher gestaltet werden können.

3.1 Fallstudie: Volkswagen und Suzuki

Im Dezember 2009 verkündeten Volkswagen (VW) und der japanische Kleinwagenspezialist Suzuki mit großem medialem Echo eine „strategische Partnerschaft". Die Pläne klangen ambitioniert: VW wollte durch die Allianz den Zugang zu Suzukis erfolgreichem Kleinwagensegment sichern, um in Schwellenländern wie Indien Fuß zu fassen. Suzuki wiederum sollte von VWs Hybridtechnologien und Diesel-Knowhow profitieren, um seine Fahrzeuge umweltfreundlicher zu machen. VW übernahm 19,9% an Suzuki, Suzuki im Gegenzug 1,5% an VW, um die Partnerschaft zu besiegeln. Beide Seiten betonten öffentlich ihre „gleichen Werte" und „gegenseitigen Respekt". Doch hinter den Kulissen war die Beziehung von Beginn an angespannt.

Volkswagen war 2009 der drittgrößte Automobilhersteller der Welt, mit einer klaren Expansionsstrategie, um langfristig die Nummer eins zu werden. Besonders wichtig war der Zugang zu Schwellenmärkten, und hier war Indien ein blinder Fleck. VW sah in Suzuki – das über Maruti Suzuki rund 50% Marktanteil in Indien hielt – das ideale Sprungbrett. Suzuki war ein unabhängiges, familiengeführtes Unternehmen, das stolz auf seine Eigenständigkeit war. Firmengründer Osamu Suzuki wollte den Autobauer zwar technologisch stärken, aber keinesfalls in die Abhängigkeit eines größeren Partners geraten.

Volkswagen agierte mit einem zentralistischen Führungsstil. VW sah Suzuki zunehmend als Tochterunternehmen, nicht als gleichberechtigten Partner. In Geschäftsberichten beschrieb VW Suzuki als „assoziiertes Unternehmen", was Osamu Suzuki als Affront empfand. Suzuki hingegen schätzte seine Unabhängigkeit über alles. Das Familienunternehmen war es gewohnt, selbstständig Entscheidungen zu treffen. Die Japaner misstrauten von Beginn an dem Wunsch VWs, mehr Kontrolle zu erlangen.

Trotz großer Ankündigungen passierte praktisch nichts: VW stellte keine Hybrid- oder Dieselmotoren zur Verfügung, die Suzuki dringend benötigte, um in Europa den CO_2-Emissionen gerecht zu werden. Suzuki hielt sich ebenfalls zurück. 2011 schloss

Suzuki stattdessen einen separaten Vertrag mit Fiat
zur Lieferung von Dieselmotoren – ein Affront ge-
gen VW, der als Signal verstanden wurde, dass
Suzuki kein Interesse an einer echten Partnerschaft
hatte.

Suzuki beklagte sich öffentlich, dass die Kommuni-
kation mit VW schwierig und „herablassend" sei.
VW wiederum reagierte zunehmend gereizt, weil
Suzuki als unkooperativ galt. Die gegenseitigen Vor-
würfe eskalierten: VW warf Suzuki Vertragsbruch
vor, während Suzuki VW „Arroganz" und „fehlendes
Verständnis für japanische Unternehmenswerte"
unterstellte.

Im Jahr 2011 erklärte Suzuki die Partnerschaft für
gescheitert und forderte Volkswagen auf, die Anteile zurückzugeben. VW weigerte sich zunächst, so-
dass ein langwieriger Rechtsstreit folgte. Nach einem vierjährigen Streit entschied das Internationale Schiedsgericht in London, dass VW die Anteile
an Suzuki zurückgeben müsse. Im September 2015
verkaufte VW alle 111,6 Millionen Suzuki-Aktien an
den japanischen Autobauer zurück. Der Verkaufser-
lös betrug 460 Milliarden Yen, was zum damaligen
Zeitpunkt etwa 3,4 Milliarden Euro entsprach.

Die gescheiterte Allianz zwischen Volkswagen und
Suzuki ist mehr als nur ein Kapitel in der Geschichte
globaler Unternehmenskooperationen. Sie ist eine

Mahnung. Eine Lehre, dass Größe und technologische Überlegenheit allein keine Partnerschaft begründen – schon gar nicht auf Augenhöhe. Was als ambitionierte strategische Allianz begann, endete in Enttäuschung, Misstrauen und im Scherbenhaufen einer Beziehung, die nie wirklich eine war.

Volkswagen glaubte, mit seinem weltweiten Einfluss und seiner Marktmacht einen kleineren Partner lenken zu können. Doch was das Unternehmen unterschätzte, war der Stolz und das tief verwurzelte Bedürfnis nach Unabhängigkeit, das Suzuki als traditionsreiches, japanisches Familienunternehmen auszeichnet. Wo Respekt hätte wachsen sollen, breitete sich Kontrolle aus. Wo Vertrauen hätte gepflegt werden müssen, regierte Misstrauen.

Diese Geschichte lehrt uns, dass eine Partnerschaft ohne gegenseitige Wertschätzung zum Scheitern verurteilt ist. Gemeinsame Ziele müssen klar formuliert, kulturelle Unterschiede respektiert werden. Es reicht nicht, Anteile zu kaufen oder Verträge zu schließen – wahre Zusammenarbeit erfordert Demut, Geduld und das ehrliche Bemühen, den anderen zu verstehen. Volkswagen und Suzuki scheiterten nicht an mangelnder Kompetenz oder fehlendem Marktpotenzial. Sie scheiterten daran, dass sie nie wirklich zueinander fanden. Ihr Beispiel mahnt: Wer eine Brücke zwischen Kulturen schlagen will, muss bereit sein, sich auf die Werte des anderen einzulassen – sonst bleibt der Graben unüberwindbar.

3.2 Bauknecht - Rückzug aus China

Bauknecht war lange Zeit einer der bekanntesten deutschen Hersteller von Haushaltsgeräten. Das 1919 gegründete Unternehmen war in Deutschland und Europa ein Synonym für technische Innovation, Verlässlichkeit und Premiumqualität. Vor allem in den 1950er- bis 1980er-Jahren galt Bauknecht als Pionier im Bereich Haushaltsgeräte – Kühlschränke, Waschmaschinen, Geschirrspüler – alles „Made in Germany".

Der bekannte Werbeslogan „Bauknecht weiß, was Frauen wünschen" prägte ganze Generationen und verlieh der Marke ein modernes, innovatives Image. Bauknecht verkörperte deutschen Ingenieursgeist im Haushalt – eine starke Basis, um auch international erfolgreich zu sein.

Mit dem wirtschaftlichen Aufstieg Asiens und der Öffnung Chinas als Wachstumsmarkt wagte Bauknecht den Schritt in Richtung Asien. Man wollte von der aufstrebenden Mittelschicht in China profitieren, die zunehmend auf Markenqualität und moderne Haushaltsgeräte setzte. Doch genau dieser

Versuch scheiterte – nicht nur in China, sondern auch auf globaler Ebene.

Bereits in den 1980er-Jahren geriet Bauknecht wirtschaftlich unter Druck. Der zunehmende Preiswettbewerb, vor allem durch asiatische Anbieter wie Samsung, LG und Haier, brachte Bauknecht in Schwierigkeiten. Während andere Premiumanbieter wie Miele ihr Premiumsegment schärften, versuchte Bauknecht, sowohl im Massenmarkt als auch im Premiumsegment Fuß zu fassen. Diese Strategie der Mittelpositionierung führte zunehmend zu einem Verlust der Markenidentität.

Nach mehreren Restrukturierungsphasen wurde Bauknecht 1989 vom US-amerikanischen Konzern Whirlpool übernommen. Damit endete faktisch die Ära des eigenständigen deutschen Traditionsunternehmens. Unter Whirlpool wurde Bauknecht zunehmend in die internationale Markenarchitektur eingegliedert – mit Auswirkungen auf die Wahrnehmung, Produktentwicklung und Marktstrategie.

Bauknecht trat in China und anderen asiatischen Märkten als Premiumanbieter auf, hatte jedoch keine klare Differenzierung gegenüber anderen Marken. Während Unternehmen wie Miele ihr Profil als „deutsches Premiumprodukt mit Langlebigkeit und technischer Exzellenz" konsequent kommunizierten, blieb Bauknecht profillos. Die

Produkte waren hochpreisig, doch der wahrgenommene Mehrwert für chinesische Kunden war unklar. Marken wie Haier und Midea boten moderne, lokal angepasste Produkte oft zu günstigeren Preisen an. Bauknecht versuchte, deutsche Markenwerte zu vermitteln, ohne den kulturellen Kontext zu berücksichtigen. Anders als europäische Konsumenten interessierten sich chinesische Verbraucher weniger für technische Details als für Design, Statuswirkung und Benutzerfreundlichkeit.

Im Vergleich zu Marken wie Bosch, Siemens oder Miele hatte Bauknecht in China kaum eine relevante Markenbekanntheit. Die Marke war international zu wenig aufgeladen – sie fehlte in chinesischen Medien, sozialen Netzwerken und im digitalen Markenauftritt. Es gab keine emotionale Markenbindung oder Storytelling, das chinesische Konsumenten ansprach. Die jüngere chinesische Mittelschicht erwartet Marken, die Lifestyle verkörpern, statt nüchtern-technische Beschreibungen.

Der chinesische Haushaltsgerätemarkt wird von leistungsstarken, lokal etablierten Marken wie Haier, Midea und Gree dominiert. Diese Unternehmen agieren flexibel, verstehen die lokalen Bedürfnisse im Detail und investieren massiv in Innovation und Design. Gleichzeitig besetzen sie das gesamte Preisspektrum, von Massenprodukten bis hin zu High-End-Luxusserien. Bauknecht konnte in diesem Wettbewerbsumfeld keinen relevanten Differenzierungsvorteil aufbauen. Nach anhaltenden Schwierigkeiten zog sich Bauknecht weitgehend aus dem chinesischen Markt zurück. Die Marke existiert in China nicht mehr als relevanter Player im Premiumsegment und hat auch international stark an Bedeutung verloren. In Deutschland ist Bauknecht weiterhin im mittleren Marktsegment vertreten, wird jedoch oft als ehemals starke, heute schwächelnde Marke wahrgenommen.

Die Geschichte von Bauknecht in China ist ein Lehrbeispiel dafür, dass ein traditionsreicher Name und eine glorreiche Vergangenheit allein nicht ausreichen, um in einem der anspruchsvollsten und dynamischsten Märkte der Welt zu bestehen. Was einst in Europa als Synonym für Qualität, Innovation und Premium galt, konnte in China weder die Herzen der Konsumenten noch relevante Marktanteile erobern. Die Ursachen dafür liegen tief – und sie bieten wichtige Erkenntnisse für andere deutsche Unternehmen, die auf dem chinesischen Markt erfolgreich sein wollen.

Zunächst zeigt der Fall Bauknecht, wie entscheidend eine klare Markenidentität ist. Die Marke hatte im Laufe der Jahre an Profil verloren, weil sie weder das Premiumversprechen konsequent verfolgte noch im Massenmarkt eine differenzierte Rolle spielte. In einem Markt wie China, in dem

Konsumenten Wert auf klare Botschaften und starke Markenbilder legen, wurde Bauknecht damit schlicht unsichtbar. Die Marke wurde als „irgendwo dazwischen" wahrgenommen – weder luxuriös noch massentauglich. Dieses Identitätsvakuum wurde in China nicht verziehen.

Ein weiterer entscheidender Faktor war Bauknechts mangelnde Anpassung an lokale Bedürfnisse. Die Produkte waren nicht auf die chinesischen Haushalte und Lebensgewohnheiten zugeschnitten. Wer in China erfolgreich sein will, muss die Kultur und die Konsummuster tief verstehen und die Produkte entsprechend gestalten. Chinesische Konsumenten schätzen Kompaktheit, Multifunktionalität und modernes, ästhetisches Design – Eigenschaften, die Bauknecht-Produkte in ihrer ursprünglichen Form nicht ausreichend bedienten.

Gleichzeitig verpasste Bauknecht den Anschluss an die digitale Verkaufs- und Servicewelt, die in China längst die Basis für jeden erfolgreichen Markteintritt bildet. Der stationäre Einzelhandel alleine reicht nicht aus – ohne starke Präsenz auf Plattformen wie Tmall oder JD.com, ohne gezieltes Influencer-Marketing und ohne digitale Kundenbindung bleibt jede Marke in China unsichtbar. Bauknecht war nicht nur zu spät, sondern auch zu zögerlich, um diese Kanäle effektiv zu bespielen.

Noch gravierender war der Mangel an herausragendem Kundenservice. In China entscheidet die Qualität des After-Sales-Services oft über Kaufentscheidungen und Markenloyalität. Chinesische Konsumenten erwarten Schnelligkeit, Erreichbarkeit und kulante Lösungen. Bauknecht gelang es nicht, eine Servicekultur zu etablieren, die diese Erwartungen erfüllt. Damit wurde Vertrauen verspielt, noch bevor es entstehen konnte.

Am Ende steht Bauknechts Rückzug aus China als warnendes Beispiel dafür, dass deutsche Ingenieurskunst und Qualitätsversprechen allein keine Erfolgsgarantie sind. Der chinesische Markt verlangt Agilität, kulturelle Sensibilität und kompromisslose Kundenzentrierung. Wer als deutsches Premiumunternehmen glaubt, mit einer globalen Standardstrategie in China Erfolg zu haben, verkennt die Realität dieses Marktes. Es braucht maßgeschneiderte Strategien, lokale Teams mit Entscheidungskompetenz und ein tiefes Verständnis für den kulturellen Kontext.

Kapitel 4: Schlussfolgerung

4.1 Partnerschaft statt Deal

Partnerschaft statt Deal – das ist der Schlüssel zu erfolgreichen deutsch-asiatischen Kooperationen. Wer in Asien lediglich auf einen schnellen Abschluss oder kurzfristige Geschäfte aus ist, wird früher oder später scheitern. Denn in Ländern wie China, Japan oder Südkorea bedeutet Zusammenarbeit mehr als ein unterzeichneter Vertrag oder ein einmaliges Geschäft. Hier zählt die Beziehung – die Partnerschaft – als tragende Säule jeder erfolgreichen Kooperation. In Asien wird ein Geschäft nicht mit dem Händedruck abgeschlossen, sondern mit dem Aufbau von Vertrauen. Deutsche Unternehmen, die langfristig Erfolg haben, begreifen schnell: Es geht nicht um einen Deal, sondern um das Gemeinsame. Eine Partnerschaft muss wachsen, sie verlangt Geduld, Empathie und ein echtes Interesse am Gegenüber. Entscheidungen fallen oft erst, wenn die persönliche Ebene stimmt. Wo der westliche Geschäftspartner auf Effizienz drängt, bevorzugen asiatische Unternehmen Harmonie und nachhaltige Bindungen.

Eine Partnerschaft bedeutet, nicht nur Zahlen und Verträge im Blick zu haben, sondern gemeinsam zu denken und zu handeln. Es ist ein Versprechen,

Respekt und Verlässlichkeit zu zeigen, gerade in schwierigen Zeiten. Der asiatische Partner fragt sich: Ist mein deutscher Gegenüber bereit, die Beziehung auch dann zu pflegen, wenn es herausfordernd wird? Oder ist er nur an einem schnellen Abschluss interessiert?

Wer Asiens Märkte betritt, muss verstehen, dass „Guanxi"in China oder „Kankei" in Japan mehr ist als ein Konzept. Es ist die gelebte Praxis, Beziehungen langfristig zu pflegen und Netzwerke achtsam zu bauen. Der Fokus liegt nicht auf dem einmaligen Deal, sondern auf dem kontinuierlichen Miteinander – oft über Generationen hinweg. Die erfolgreichen deutsch-asiatischen Kooperationen wie BMW und Brilliance beruhen auf dieser Philosophie: Partnerschaft statt Deal. Wer das verinnerlicht, baut nicht nur wirtschaftlichen Erfolg auf, sondern wird Teil eines Netzwerks, das ihm Zugang zu Asiens Innovationskraft und Märkten eröffnet, den ein einmaliger Deal nie bieten könnte.

Die Gestaltung einer internationalen Partnerschaft – insbesondere zwischen Deutschland und Asien – ist weit mehr als ein vertraglich geregelter Geschäftsprozess. Sie ist eine anspruchsvolle Kunst, die gleichermaßen strategische Weitsicht, interkulturelles Feingefühl und persönliches Engagement verlangt. Während Verträge, Strukturen und rechtliche Rahmenbedingungen eine notwendige Grundlage bilden, sind sie allein nicht ausreichend, um eine tragfähige und langfristig erfolgreiche Partnerschaft aufzubauen.

Was eine echte Partnerschaft ausmacht, lässt sich nicht in Paragrafen fassen. Es ist das Zusammenspiel von Vertrauen, Respekt und der Bereitschaft, sich auf die Sichtweisen und Werte des Gegenübers einzulassen. Besonders im asiatischen Raum, wo der Aufbau persönlicher Beziehungen – das sogenannte „Guanxi" in China oder das Harmonie-Prinzip des „Wa" in Japan – eine tragende Rolle spielt, entscheidet die Qualität der zwischenmenschlichen Ebene oft über den geschäftlichen Erfolg.

Deutsche Unternehmen, die in Asien langfristige Partnerschaften eingehen möchten, sind gut beraten, ihre traditionellen Stärken – Präzision, Verlässlichkeit und Prozessorientierung – um Soft Skills zu ergänzen: Geduld, Empathie und die Fähigkeit, mit kulturellen Unterschieden konstruktiv umzugehen. Diese Eigenschaften sind keine „weichen Faktoren", sondern entscheidende Erfolgsfaktoren in einem Umfeld, in dem Beziehungen und das Bewahren von Harmonie häufig wichtiger sind als das schnelle Abschließen eines Vertrags.

Darüber hinaus erfordert die Gestaltung einer erfolgreichen Partnerschaft ein tiefes Verständnis für die unterschiedlichen Erwartungshaltungen auf beiden Seiten. Während deutsche Partner oft Wert auf Klarheit, Direktheit und schnelle Entscheidungen legen, schätzen asiatische Unternehmen eine konsensorientierte Entscheidungsfindung, bei der Hierarchien gewahrt und Gesichtsverluste vermieden werden müssen. Wer es versteht, diese unterschiedlichen Logiken zu erkennen und Brücken zu bauen, wird nicht nur als Geschäftspartner, sondern als vertrauenswürdiger Alliierter wahrgenommen.

Die Fähigkeit, eine gemeinsame Vision zu entwickeln, ist mehr als eine diplomatische Geste – sie ist die Grundlage jeder belastbaren und zukunftsfähigen Partnerschaft. Gerade in deutsch-asiatischen Kooperationen entscheidet die Klarheit einer gemeinsamen Zielsetzung häufig darüber, ob die Zusammenarbeit zu einem langfristigen Erfolg wird oder ob sie an kulturellen Missverständnissen, divergierenden Interessen oder kurzfristigem Denken scheitert. Während deutsche Unternehmen oft von einer starken Ergebnisorientierung geprägt sind – Effizienz, messbare Erfolge und Zeithorizonte im Bereich von Quartalen oder wenigen Jahren – legen viele asiatische Partner den Fokus stärker auf eine langfristige Entwicklung und

Beziehungsaufbau, der sich über Jahrzehnte erstrecken kann.

In China beispielsweise spielt der Gedanke der Langfristigkeit und Nachhaltigkeit in Beziehungen eine zentrale Rolle. Ein Projekt mag im Hier und Jetzt Gewinn bringen, aber es wird immer auch im Licht einer möglichen langfristigen Allianz betrachtet – einer Beziehung, die über Generationen andauern kann. Ein gemeinsames Verständnis über die Richtung und den Zweck der Zusammenarbeit schafft Vertrauen, reduziert Unsicherheiten und hilft, Differenzen zu überwinden, bevor sie zu ernsthaften Konflikten werden. Eine Partnerschaft, die sich ausschließlich an kurzfristigen Zielen orientiert – etwa dem schnellen Zugang zu einem neuen Markt– bleibt anfällig für Zielkonflikte, Vertrauensverlust und strategische Entfremdung. Dies wurde exemplarisch durch die gescheiterte Kooperation zwischen Volkswagen und Suzuki deutlich.

Die besten Beispiele erfolgreicher deutsch-asiatischer Partnerschaften zeigen, dass gemeinsame Werte und eine langfristige Vision über kulturelle Unterschiede hinweg Brücken schlagen können: BMW und Brilliance arbeiteten über Jahre hinweg erfolgreich zusammen, weil BMW es verstand, die langfristigen wirtschaftlichen und gesellschaftlichen Ziele seines chinesischen

Partners zu respektieren – einschließlich des Wunsches, das nationale industrielle Know-how zu stärken.

In vielen asiatischen Kulturen wird eine Zusammenarbeit, die primär auf kurzfristigen Profit oder den schnellen Zugang zu einem Markt abzielt, als oberflächlich und wenig vertrauenswürdig wahrgenommen. Solche kurzfristigen Interessen signalisieren aus asiatischer Sicht oft fehlendes langfristiges Engagement und mangelnde Wertschätzung gegenüber dem Partner.

Partnerschaft bedeutet dort nicht nur die Erfüllung von Pflichten, sondern auch das Einlösen impliziter Erwartungen wie Respekt, Kontinuität, Verlässlichkeit und gemeinsames Wachstum.

Asiatische Geschäftspartner achten genau darauf, ob ein westliches Unternehmen bereit ist, sich langfristig einzubringen, Verantwortung zu übernehmen und eine gemeinsame Zukunft zu gestalten – selbst wenn die kurzfristige Rendite zunächst gering erscheint. Die Bereitschaft, in Beziehungen zu investieren und dabei Geduld zu zeigen, gilt oft als Schlüssel zum Erfolg.

Ein solches Verständnis von Partnerschaft setzt nicht nur strategisches Denken, sondern auch kulturelle Sensibilität und die Fähigkeit zur Selbstreflexion voraus. Wer in Asien ernst genommen werden möchte, muss bereit sein, über den Vertragsabschluss hinaus zu denken – hin zu einem gemeinsamen Weg, der auf gegenseitigem Vertrauen und langfristiger Wertschöpfung basiert.

Sind sie bereit, in die Beziehung zu investieren, auch wenn der Return on Investment erst langfristig sichtbar wird? Teilen sie die Vision, nicht nur ein gemeinsames Produkt oder eine Dienstleistung zu entwickeln, sondern gemeinsam neue Märkte zu erschließen oder innovative Technologien voranzutreiben?

4.2 Erfolg mit asiatischen Innovatoren

In einer Welt des rasanten technologischen Fortschritts reicht es nicht mehr aus, auf Bewährtem zu beharren. Wer heute erfolgreich sein will, muss offen sein für neue Impulse – und bereit, sich auf echte Partnerschaften einzulassen. Gerade Asien bietet hier enormes Potenzial: Nicht als verlängerte Werkbank, sondern als Quelle bahnbrechender Innovationen, mutiger Unternehmerkultur und zukunftsweisender Technologien.

Trotzdem begegnen viele deutsche Unternehmen dieser Dynamik noch mit Zurückhaltung. Die Zusammenarbeit wird oft auf den schnellen „Deal" reduziert – Einkauf, Vertrieb, Produktion. Was dabei verloren geht, ist die Chance, gemeinsam mit asiatischen Innovatoren neue Lösungen zu entwickeln, voneinander zu lernen und auf Augenhöhe langfristige Wertschöpfung zu schaffen.

Erfolg in der Zukunft verlangt genau diesen Perspektivwechsel: von der Transaktion zur Transformation. Die klassische Denkweise, wonach der Erfolg einer Zusammenarbeit an Stückzahlen, Margen oder kurzfristigem ROI gemessen wird, greift in einer vernetzten und komplexen Welt zu kurz. Was heute zählt, ist die Fähigkeit, gemeinsam mit Partnern neue Lösungen zu gestalten, sich in neue Denkmuster einzufühlen und gemeinsam resilienter zu werden – technologisch, organisatorisch und kulturell.

Gerade asiatische Innovatoren bringen hierfür Eigenschaften mit, die in vielen westlichen Industrien noch zu wenig beachtet werden: Sie denken systemisch, weil sie in Märkten agieren, die extrem schnell skalieren müssen. Sie handeln langfristig, weil stabile Beziehungen und nachhaltige Netzwerke in ihren Kulturen tief verwurzelt sind. Und sie sind anpassungsfähig, weil sie ständig zwischen lokalen Bedürfnissen und globalen Herausforderungen navigieren.

Ein deutsches Unternehmen, das sich auf eine solche Partnerschaft einlässt, profitiert nicht nur von Technologien oder neuen Märkten – es beginnt, die eigene Innovationskultur neu zu denken. Es entwickelt ein besseres Verständnis für Agilität, für die Balance zwischen Struktur und Flexibilität, für Geschwindigkeit ohne Qualitätsverlust.

Ein Wandel, der wirklich zukunftsfähig ist, beginnt nicht im Maschinenraum, sondern im Mindset. Es geht um die Art und Weise, wie wir Zusammenarbeit denken – und wie wir Erfolg definieren. Noch immer ist in vielen deutschen Unternehmen eine stark technokratische Perspektive vorherrschend: Die eigene Lösung gilt als überlegen, der Partner soll sie möglichst effizient einsetzen oder vermarkten. Doch diese Logik greift im internationalen Kontext – insbesondere im Umgang mit asiatischen Innovatoren – oft zu kurz. Weg vom „Ich verkaufe dir etwas" hin zu „Wir entwickeln gemeinsam etwas Neues"

Dieser Wandel beginnt mit einem Perspektivwechsel: Nicht der eigene Vertriebserfolg steht im Mittelpunkt, sondern die gemeinsame Gestaltung von Zukunft. Asiatische Partner sind keine bloßen Kunden oder Zulieferer – sie sind Mitgestalter, Mitdenker, oft sogar Treiber von Entwicklungen, die global richtungsweisend sind. Wer sich darauf einlässt, erlebt Innovation als Co-Creation: Der deutsche Mittelständler bringt etwa tiefe technische Expertise und Verlässlichkeit mit, der asiatische Partner Innovationsdrang, Marktgeschwindigkeit und einen frischen Blick auf Kundennutzen.

Das Ergebnis sind Lösungen, die besser passen – technologisch, kulturell und marktnah. Und sie entstehen in einem Prozess, der beide Seiten stärkt: mit gemeinsamem Lernen, gegenseitigem Respekt und echtem Unternehmergeist.

Viele Kooperationen scheitern nicht an technischen Fragen, sondern an Misstrauen: an strikten Vertragsklauseln, an Machtfragen, an kulturellen Missverständnissen. Doch wer langfristig erfolgreich mit asiatischen Partnern zusammenarbeiten will, braucht Vertrauenskompetenz. Das bedeutet: Raum geben für andere Denkweisen, Ambiguität aushalten, und den Partner nicht kontrollieren, sondern befähigen.

In Asien wird Beziehung vor Transaktion gesetzt – wer hier mit Offenheit, Verlässlichkeit und Haltung auftritt, gewinnt mehr als einen Geschäftspartner: Er gewinnt ein Netzwerk, das trägt. Vertrauen ist dabei kein naives Geschenk, sondern ein strategischer Wert. Und er ist messbar – in der Geschwindigkeit, mit der Projekte umgesetzt werden, in der Tiefe des Austauschs und in der Bereitschaft, Herausforderungen gemeinsam zu meistern.

Während viele westliche Geschäftsmodelle auf schnellen Return-on-Investment ausgelegt sind, denken asiatische Partner oft in Generationen. Das ist kein Widerspruch zu wirtschaftlichem Erfolg – im Gegenteil: Wer langfristig denkt, investiert nachhaltig, baut robuste Strukturen auf und schafft Vertrauen bei Kunden, Mitarbeitenden und Partnern.

Langfristige Wertschöpfung bedeutet auch, neue Geschäftsmodelle gemeinsam zu entwickeln: etwa durch Plattformökonomien, Kreislaufstrategien oder datenbasierte Dienstleistungen, die nicht auf den schnellen Verkauf eines Produkts zielen, sondern auf eine dauerhafte Kundenbeziehung. Die Kooperation mit asiatischen Partnern kann hier ein

Katalysator sein – nicht als Gegenspieler, sondern als strategischer Mitgestalter.

Wahre Partnerschaft ist kein spontaner Glücksfall, sondern das Ergebnis bewusster Beziehungspflege, interkultureller Sensibilität und strategischer Ausdauer. In einer Zeit, in der viele Geschäftsbeziehungen durch Schnelligkeit, Opportunismus oder kurzfristige Zielerreichung geprägt sind, wirkt der Aufbau einer tragfähigen deutsch-asiatischen Kooperation fast schon altmodisch – und ist dabei doch moderner und notwendiger denn je.

Gerade in Asien ist Partnerschaft ein Prozess. Sie beginnt mit Zuhören. Mit echtem Interesse an den Zielen, Werten und Denkweisen des Gegenübers. Wer hier mit Respekt agiert – nicht belehrend, sondern offen – schafft eine Basis, auf der Vertrauen wachsen kann. Dieses Vertrauen ist keine Formalie. Es entscheidet über Tempo, Tiefe und Qualität der Zusammenarbeit. Es wirkt wie ein unsichtbarer Vertrag – stärker als jede Klausel.

Verlässlichkeit ist dabei der Schlüsselbegriff: Nicht nur im Sinne von Termintreue oder Produktqualität, sondern als Haltung. Asiatische Partner achten darauf, ob Worte und Handlungen im Einklang stehen, ob ein Partner auch in schwierigen Phasen zu seinen Zusagen steht – oder sich zurückzieht, wenn es unbequem wird. Wer hier Haltung zeigt, gewinnt nicht nur Respekt, sondern oft auch Zugang zu Entscheidern, Märkten und Informationen, die sonst verschlossen bleiben.

Gemeinsame Entwicklung heißt schließlich: Beide Seiten bringen sich ein – mit Know-how, mit Ideen, mit Kapital und Risikobereitschaft. Das setzt ein Geben und Nehmen voraus. Ein Interesse daran, nicht nur das eigene Ziel zu erreichen, sondern auch den Partner erfolgreicher zu machen. Diese Haltung ist nicht selbstverständlich – sie muss gewollt, gepflegt und immer wieder aktiv gestaltet werden. Sie unterscheidet die „echte Partnerschaft" vom bloßen Deal. Genau hier liegt die große Chance für Unternehmen, die heute den Mut haben, sich auf asiatische Innovationskraft einzulassen.

In Asien entsteht gerade eine neue Generation von Unternehmern, Forschern und Technologieentwicklern, die offen ist für echte Kooperation – global denkend, lokal verwurzelt, risikobereit und ambitioniert. Wer sich hier frühzeitig vernetzt, schafft sich nicht nur Wettbewerbsvorteile, sondern wird Teil eines dynamischen Innovationsraums, der die globale Wirtschaft der Zukunft maßgeblich mitgestalten wird. Wer diese Partnerschaft ernst nimmt, wird nicht nur neue Märkte erschließen, sondern auch sein eigenes Unternehmen zukunftsfähig machen – von innen heraus.

Die tiefgreifendste Wirkung echter Partnerschaften liegt nicht im Außen, sondern im Innen. Sie verändern Unternehmenskulturen, regen zum Umdenken an, fördern Agilität, Innovationsfreude und interkulturelle Kompetenz. Ein Unternehmen, das mit asiatischen Partnern auf Augenhöhe zusammenarbeitet, lernt schneller, denkt vernetzter, agiert flexibler – weil es gezwungen ist, sich auf Neues einzulassen und gewohnte Muster zu hinterfragen. So entsteht ein doppelter Mehrwert: Extern durch Zugang zu Märkten, Technologien und Wachstum. Intern durch kulturellen Wandel, Mitarbeiterentwicklung und Zukunftskompetenz.

Solche Partnerschaften entfalten ihre Kraft weit über ökonomische Vorteile hinaus – sie prägen Strukturen, verbinden Kulturen und eröffnen neue Denk- und Handlungsräume.

4.3 Projektideen für die Zukunft

Die Welt steht vor tiefgreifenden Umbrüchen – technologisch, ökologisch und geopolitisch. Gerade in solchen Zeiten braucht es nicht nur Analysen, sondern konkrete Ideen, wie wir Zukunft aktiv gestalten können. Deutschland verfügt über exzellentes Ingenieurwissen, starke mittelständische Strukturen und eine traditionsreiche Industriekultur. Doch um auch morgen wettbewerbsfähig zu sein, braucht es neue Impulse – vor allem durch internationale Partnerschaften, die Innovation nicht nur importieren, sondern gemeinsam hervorbringen.

In der Zusammenarbeit mit asiatischen Innovatoren liegt ein noch weitgehend ungenutztes Potenzial: für nachhaltige Mobilitätslösungen, für die Entwicklung neuer Energietechnologien, für die Verbindung von deutscher Qualität mit asiatischer Dynamik. Diese Projektideen sind mehr als wirtschaftliche Chancen – sie sind Bausteine für eine neue Art des Wirtschaftens: vernetzt, verantwortungsvoll und zukunftsorientiert.

Premiumprodukte „Made in Germany" genießen in Asien hohes Ansehen. In vielen Ländern – allen voran China, aber auch in aufstrebenden Volkswirtschaften wie Indien, Indonesien oder Vietnam – steht deutsche Herkunft für Qualität, Verlässlichkeit und technologische Spitzenleistung.

Gleichzeitig wächst in diesen Märkten eine neue, konsumfreudige Mittelschicht heran, die bereit ist, für Produkte mit Substanz und Markenwert zu investieren.

Laut dem Weltwirtschaftsforum wird die asiatische Mittelschicht bis 2030 auf etwa 3,5 Milliarden Menschen anwachsen und damit zwei Drittel der globalen Mittelschicht ausmachen. In China allein gehören bereits rund 400 Millionen Menschen zur Mittelschicht, was etwa 30 % der Bevölkerung entspricht. Diese Entwicklung schafft ein vielversprechendes Umfeld für deutsche Unternehmen, die ihre Stärken gezielt positionieren und ihre Marken international weiterentwickeln wollen.

Was bislang jedoch häufig fehlt, ist die konsequente strategische Ausrichtung auf diese Zielmärkte. Viele Unternehmen verlassen sich noch immer auf klassische Exportmodelle oder auf kurzfristige Vertriebsansätze. Dabei liegt der Schlüssel zu nachhaltigem Erfolg in einer vertieften Zusammenarbeit mit lokalen Akteuren: mit Distributoren, Plattformbetreibern, Designern oder sogar Forschungspartnern. Wer bereit ist, sein Produktangebot nicht nur zu verkaufen, sondern gemeinsam mit asiatischen Innovatoren weiterzuentwickeln und kulturell zu verankern, kann aus „Made in Germany" weit mehr machen als nur ein Label – nämlich eine lebendige

Marke mit Alltagsrelevanz und kultureller Anschlussfähigkeit.

Diese neue Form der Internationalisierung verlangt mehr als nur Übersetzung – sie braucht ein echtes Verständnis für die Märkte vor Ort und den Willen, Vertrauen aufzubauen. Die digitale Affinität vieler asiatischer Konsumenten, die rasante Innovationsgeschwindigkeit und das hohe Serviceniveau sind dabei keine Hürden, sondern Chancen. Sie zeigen, worauf es ankommt: Offenheit, Agilität und Partnerschaft auf Augenhöhe. Genau hier setzt SGT an – als Brückenbauer zwischen deutscher Qualität und asiatischer Dynamik. Damit Premiumprodukte aus Deutschland nicht nur bewundert, sondern fest im Alltag internationaler Kunden verankert werden.

Der Ausbau der Ladeinfrastruktur für Elektromobilität in Deutschland ist ein zentraler Baustein für die erfolgreiche Umsetzung der Verkehrswende. Bis zum Jahr 2030 wird erwartet, dass zwischen 380.000 und 680.000 öffentlich zugängliche Ladepunkte benötigt werden, abhängig von verschiedenen Szenarien und der Verfügbarkeit privater Ladeinfrastruktur.

Die Bundesregierung hat sich das Ziel gesetzt, bis 2030 eine Million öffentlich zugängliche Ladepunkte zu schaffen, um den steigenden Bedarf zu decken und die Elektromobilität flächendeckend zu ermöglichen. Ein erheblicher Teil des Ladebedarfs wird durch Schnellladestationen gedeckt werden müssen. Es wird prognostiziert, dass bis 2030 zwischen 55.000 und 90.000 Hochleistungsladepunkte (HPC) mit einer Ladeleistung von über 150 kW erforderlich sein werden.

Für den Aufbau einer Ladeinfrastruktur in Deutschland bieten sich insbesondere asiatische Partner an, die in diesem Bereich über umfassende Expertise und fortschrittliche Technologien verfügen. China spielt hier eine führende Rolle, da chinesische Unternehmen wie BYD, State Grid und GCL-Poly bereits umfangreiche Erfahrungen in der Entwicklung und Implementierung von Ladepunkten und Schnellladesystemen gesammelt haben. Diese Unternehmen könnten ihre bewährten Lösungen in die europäische Infrastruktur integrieren und dabei helfen, die Ladeinfrastruktur effizient und nachhaltig auszubauen.

Südkoreanische Unternehmen wie Hyundai und LG Electronics sind ebenfalls wichtige Akteure, die nicht nur Elektrofahrzeuge, sondern auch Lösungen für die intelligente Integration von Ladepunkten und Batterietechnologien entwickeln. Insbesondere die Fähigkeit, Ladeinfrastruktursysteme mit Smart Grid-Technologien zu verbinden, bietet große Potenziale für die Zukunft der Elektromobilität in Deutschland.

Japanische Unternehmen wie Toyota und Panasonic bringen ebenfalls wertvolles Wissen in Bereichen wie Batterietechnologie und Ladeinfrastruktur mit. Ihre innovative Herangehensweise, insbesondere im Hinblick auf die Integration von Wasserstofftechnologie, könnte die Ladeinfrastruktur in Deutschland nachhaltig transformieren und zusätzliche Lösungen für die Mobilität der Zukunft bieten.

Auch indische Unternehmen wie Tata und Mahindra Electric sind wichtige Akteure, die besonders im Bereich kostengünstiger und anpassungsfähiger Lösungen für die Elektromobilität in Schwellenländern Erfahrungen vorweisen können. Ihre Expertise könnte dabei helfen, Ladeinfrastruktur kosteneffizient und zugleich robust für die Anforderungen des deutschen Marktes zu entwickeln.

Insgesamt bietet die Zusammenarbeit mit asiatischen Partnern die Chance, bewährte Technologien weiterzuentwickeln, innovative Lösungen zu integrieren und die Ladeinfrastruktur in Deutschland auf europäische Standards anzupassen. Diese Partnerschaften ermöglichen es, eine zukunftsfähige und nachhaltige Mobilitätsinfrastruktur zu schaffen, die sowohl den technologischen Anforderungen als auch den Erwartungen der Nutzer gerecht wird.

Entwicklung von Wasserstofftechnologie erfordert eine langfristige, kontinuierliche Forschung, mutige Pilotprojekte und schließlich die industrielle Skalierung, um die Technologie von einem vielversprechenden Konzept zu einer praktischen, marktfähigen Lösung zu machen. In diesem Prozess sind asiatische Länder wie Japan und Südkorea technologisch führend und stellen ideale Partner für deutsche Unternehmen dar, die an der nächsten Generation klimafreundlicher Energielösungen mitarbeiten möchten.

Japan hat sich als einer der führenden Akteure im Bereich der Wasserstofftechnologie etabliert. Das Land verfolgt eine klare Wasserstoffstrategie, die den Aufbau einer Wasserstoffwirtschaft als wichtigen Bestandteil für die Reduktion von CO_2-Emissionen und die Schaffung von nachhaltigen Energiequellen in der Zukunft betrachtet. Bereits jetzt investiert Japan in den Ausbau von Wasserstoffinfrastrukturen, insbesondere im Transportbereich. Unternehmen wie Toyota und Mitsubishi sind Vorreiter bei der Entwicklung von Wasserstofffahrzeugen und -technologien. Zudem hat Japan umfassende Pilotprojekte gestartet, um die Produktion, Speicherung und Nutzung von Wasserstoff in großem Maßstab zu testen. Diese Initiativen bieten eine wertvolle Grundlage für die Weiterentwicklung von Wasserstofftechnologie auf globaler Ebene.

Südkorea ist ein weiterer technologischer Vorreiter in der Wasserstofftechnologie. Die südkoreanische Regierung hat das Land als „Wasserstoffgesellschaft" positioniert und setzt dabei auf eine umfassende Integration von Wasserstoff in alle Sektoren der Wirtschaft. Das Land investiert massiv in die Forschung und Entwicklung von Wasserstofftechnologien und ist Vorreiter bei der Entwicklung von Wasserstoffbrennstoffzellen und Infrastrukturprojekten. Südkoreanische Unternehmen wie Hyundai und Doosan Heavy Industries haben bedeutende Fortschritte bei der Entwicklung von Wasserstofffahrzeugen und -anlagen erzielt. Das Land hat auch ehrgeizige Ziele, den Wasserstoffsektor bis 2040 zu einer Schlüsselindustrie zu machen, was das Potenzial für zukunftsweisende Partnerschaften mit deutschen Unternehmen noch weiter verstärkt.

Für deutsche Unternehmen, die in der Wasserstofftechnologie tätig sind oder diesen Sektor erschließen möchten, bieten Partnerschaften mit asiatischen Innovatoren eine ideale Möglichkeit, um sowohl von fortgeschrittenen Technologien als auch von umfangreichen Markterfahrungen zu profitieren. Asiatische Unternehmen haben nicht nur die nötige technologische Expertise, sondern auch die politische Unterstützung, die erforderlich ist, um innovative Lösungen schnell auf den Markt zu bringen. Diese Partnerschaften können nicht nur zur Optimierung der deutschen eigenen Entwicklungen beitragen, sondern auch eine entscheidende Rolle bei der globalen Marktpositionierung spielen.

Ein weiterer Vorteil der Zusammenarbeit mit asiatischen Partnern im Bereich Wasserstofftechnologie ist der Zugang zu enormen Märkten, in denen die Nachfrage nach nachhaltigen Energiequellen und Technologien weiter steigt. Japan und Südkorea haben ambitionierte nationale Ziele für die Reduzierung der CO_2-Emissionen und die Förderung der Energieeffizienz, was den Bedarf an Wasserstofflösungen erheblich vorantreibt. Deutsche Unternehmen können von diesen umfangreichen und gut entwickelten Märkten profitieren, indem sie ihre Technologien in einem Umfeld testen und skalieren, das bereit ist, Innovationen zu unterstützen.

Zusätzlich können Wasserstofftechnologien, die durch Partnerschaften mit asiatischen Ländern entwickelt werden, in europäische Märkte und darüber hinaus exportiert werden. Die Kombination von deutschem Ingenieurwissen, asiatischer Innovation und globaler Marktnachfrage kann dazu beitragen, den Wasserstoffsektor weltweit voranzutreiben. Dies eröffnet nicht nur neue Geschäfts-möglichkeiten, sondern auch einen entscheidenden Beitrag zur Bekämpfung des Klimawandels.

Insgesamt ist die Zusammenarbeit mit asiatischen Partnern im Bereich der Wasserstofftechnologie nicht nur ein Weg, um von deren technologischen Fortschritten zu profitieren, sondern auch eine strategische Partnerschaft, die deutsche Unternehmen in die Lage versetzt, an der Spitze der nächsten Generation von klimafreundlichen Energielösungen zu stehen. Mit langfristigen Forschungspartnerschaften, mutigen Pilotprojekten und der Skalierung dieser Lösungen kann eine nachhaltige Wasserstoffwirtschaft geschaffen werden, die sowohl in Asien als auch in Europa den Übergang zu einer umweltfreundlicheren Energiezukunft unterstützt.

Mit meiner Leitung hat SGT eine neue Ausrichtung erhalten – als Tor und Plattform für partnerschaftliche Zusammenarbeit zwischen Deutschland und Asien. SGT versteht sich als Brückenbauer zwischen zwei Welten: der deutschen und der asiatischen. Diese Rolle ist nicht nur symbolisch, sondern auch praktisch und strategisch von großer Bedeutung. In einer Welt, die zunehmend global vernetzt ist und in der die Innovation keine geografischen Grenzen mehr kennen, ist es unerlässlich, dass Unternehmen die verschiedenen Stärken und Potenziale unterschiedlicher Regionen nutzen. Dabei geht es nicht nur um den Austausch von Technologien oder Dienstleistungen, sondern um das gemeinsame Schaffen von Lösungen, die über den kurzfristigen Nutzen hinausgehen und langfristige Wertschöpfung schaffen.

Die Aufgabe von SGT als Brückenbauer ist es, diese interkulturellen, technologieübergreifenden Partnerschaften zu initiieren, zu begleiten und schließlich in die Praxis umzusetzen. Dies bedeutet, dass SGT nicht nur als Vermittler agiert, sondern aktiv Impulse setzt und durch fachliche Kompetenz sowie strategische Beratung dafür sorgt, dass Unternehmen den Mut finden, gemeinsam Neues zu denken und umzusetzen.

Dabei ist der Fokus von SGT auf den gegenseitigen Mehrwert gerichtet. Denn wahre Partnerschaften entstehen nicht durch einseitige Ansprüche, sondern durch das Verstehen und Einbringen der jeweils eigenen Stärken. Deutsche Unternehmen bringen ihr tiefes Wissen in Ingenieurkunst, Präzision und Qualitätsmanagement ein, während asiatische Partner mit ihrer Innovationskraft, Flexibilität und schnellen Marktfähigkeit glänzen. Die Synergie aus diesen unterschiedlichen Kulturen und Herangehensweisen bietet enorme Potenziale. SGT trägt dazu bei, diese Potenziale sichtbar zu machen und durch praxisnahe Kooperationsmodelle konkret zu gestalten.

Es ist diese Kombination von kulturellen Perspektiven und technischen Fähigkeiten, die zu zukunftsfähigen Lösungen führen kann. In einer Zeit, in der Unternehmen nach Wegen suchen, wie sie nachhaltig und innovativ wirtschaften können, sind solche

Partnerschaften von entscheidender Bedeutung. SGT zeigt auf, dass die Zukunft nicht nur von technologischen Einzelmaßnahmen abhängt, sondern von der Bereitschaft, auf Augenhöhe und mit Respekt zusammenzuarbeiten.

Die vorgestellten Ideen und Projekte, sei es im Bereich der Elektromobilität, Wasserstofftechnologie oder der Erweiterung von Premiumprodukten, sind nicht nur Visionen – sie sind konkrete Ansätze, die durch Partnerschaften zwischen deutschen und asiatischen Unternehmen realisiert werden können. Diese Partnerschaften sind mehr als nur transaktionale Geschäftsbeziehungen; sie sind langfristige, transformative Zusammenarbeit, die weit über den Austausch von Waren und Dienstleistungen hinausgeht. Sie beinhalten den Austausch von Wissen, den Aufbau von Vertrauen und die Schaffung einer gemeinsamen Zukunft.

Diese Projekte, die SGT initiiert und begleitet, zeigen, dass die Zukunft dort beginnt, wo wir bereit sind, neue Perspektiven einzunehmen und neue Wege zu gehen. Sie ermutigen Unternehmen, den ersten Schritt zu machen – nicht aus einer Position der Unsicherheit, sondern aus einer Position des Vertrauens und der Zusammenarbeit. Denn wahre Innovation entsteht nur dann, wenn wir nicht nur voneinander lernen, sondern gemeinsam an Lösungen arbeiten, die einen echten Unterschied machen.

Zum Schluss möchten wir insbesondere visionäre Unternehmer einladen, sich diesem wegweisenden Prozess anzuschließen. Wenn Sie eine zukunftsorientierte Denkweise haben und bereit sind, den nächsten Schritt in Richtung Innovation und nachhaltigem Wachstum zu gehen, dann sind Sie genau die Art von Partner, die wir suchen. Ihre Vision, Ihre Bereitschaft, neue Wege zu gehen und Ihre Fähigkeit, langfristige Veränderungen zu gestalten, sind der Schlüssel zu erfolgreichen Partnerschaften und der Realisierung von Projekten, die unsere Zukunft prägen werden.

Wir laden Sie ein, Teil unseres Netzwerks zu werden, die nicht nur die wirtschaftlichen Herausforderungen von morgen annehmen, sondern aktiv dazu beitragen, Lösungen zu entwickeln, die einen bleibenden, positiven Einfluss auf die Welt haben. Als Unternehmer haben Sie die Möglichkeit, mit asiatischen Innovatoren zusammenzuarbeiten und Technologien, Produkte und Geschäftsmodelle zu entwickeln, die nicht nur regional, sondern global von Bedeutung sind. Lassen Sie uns gemeinsam eine Zukunft gestalten, in der wir durch Partnerschaften mehr erreichen als allein. Ihr Weitblick und Ihr Unternehmergeist und Ihre Tatkraft sind genau das, was es braucht, um den nächsten Schritt in Richtung einer nachhaltigeren und fortschrittlicheren Welt zu gehen. Wir freuen uns darauf, mit Ihnen diese Zukunft zu gestalten!

Literaturverzeichnis

Ambrosius, Gerhard: Deutsch-chinesische Wirtschaftsbeziehungen: Kooperation oder Konfrontation? Wiesbaden 2020

Backes, Axel/von Kopp, Botho: Interkulturelle Zusammenarbeit China: Strategien und Praxis deutscher Unternehmen, Köln 2021

Brandenburger, A./Nalebuff, B. : Co-operation, New York 1996

Contractor, F./Lorange, P.: Cooperative Strategies and Alliances, Oxford 2002

Doz, Yves L./Hamel, Gary: Alliance Advantage: The Art of Creating Value Through Partnering, Boston 1998

Harbir Singh/Michael A. Hitt/Duane Ireland: The Management of Strategic Alliances, Oxford 2002

Hofstede, Geert/Hofstede, Gert Jan/Minkov, Michael: Lokales Denken, globales Handeln, Interkulturelle Zusammenarbeit und globales Management, 6. Auflage, München 2017

Inkpen, Andrew C./Tsang, Eric W.K.: Social
Capital, Networks, and Knowledge Transfer",
New York 2005

Parkhe, Arvind: Strategic Alliance Structuring: A
Game Theoretic and Transaction Cost Examination
of Interfirm Cooperation, New York 1993

Röttger, Ulrich (Hrsg.): Interkulturelle
Unternehmenskommunikation in Asien, Köln 2021

Scherm, Ewald/Süß, Stefan: Internationales Management. Eine funktionale Perspektive,
München 2001

Trompenaars, Fons/Hampden-Turner, Charles:
Riding the Waves of Culture: Understanding
Diversity in Global Business, London 2012